Impressum
Verlag: BABADADA GmbH, Nedderfeld 112 , 22529 Hamburg
Geschäftsführer / Verlagsleitung: Harald Hof
Druck: Books on Demand GmbH, In de Tarpen 42, 22848 Norderstedt

Imprint
Publisher: BABADADA GmbH, Nedderfeld 112 , 22529 Hamburg, Germany
Managing Director / Publishing direction: Harald Hof
Print: Books on Demand GmbH, In de Tarpen 42, 22848 Norderstedt, Germany

Schule
škola

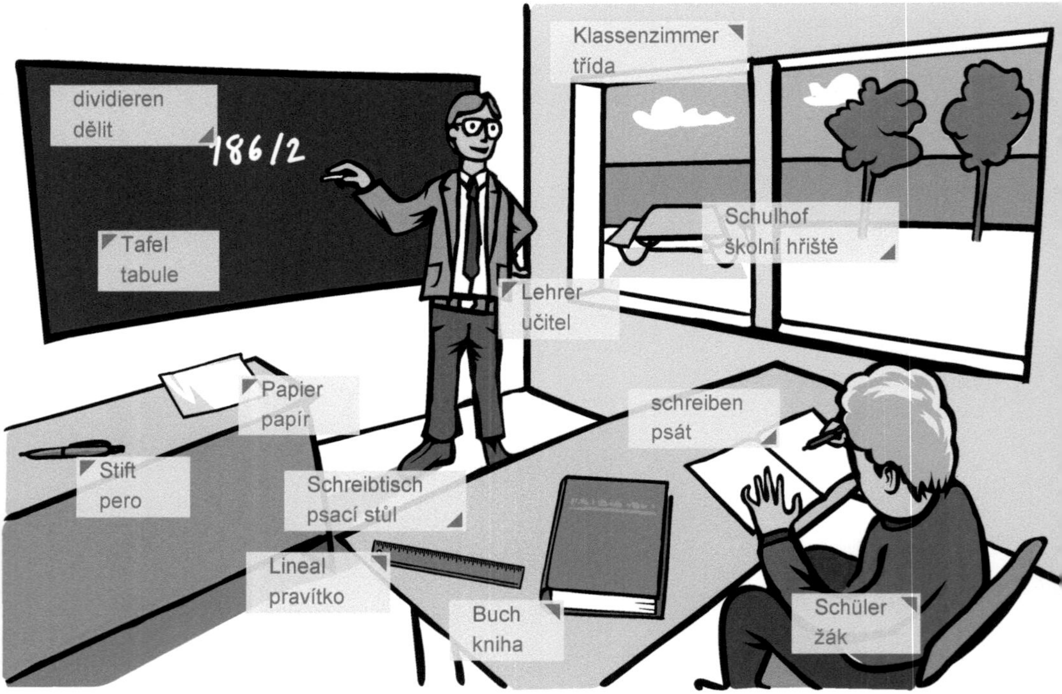

Klassenzimmer
třída
dividieren
dělit
186/2
Tafel
tabule
Schulhof
školní hřiště
Lehrer
učitel
Papier
papír
schreiben
psát
Stift
pero
Schreibtisch
psací stůl
Lineal
pravítko
Buch
kniha
Schüler
žák

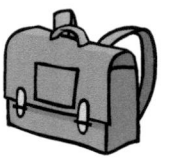

Ranzen
aktovka

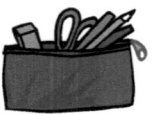

Federmappe
penál

Bleistift
tužka

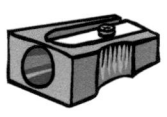

Bleistiftanspitzer
ořezávátko

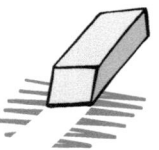

Radiergummi
guma

Zeichenblock
blok na kreslení

Zeichnung

výkres

Pinsel

štětec

Malkasten

malířské potřeby

Schere

nůžky

Klebstoff

lepidlo

Übungsheft

cvičebnice

Hausaufgabe

domácí úkol

Zahl

počet

addieren

sčítat

subtrahieren

odčítat

multiplizieren

násobit

rechnen

počítat

Buchstabe

písmeno

Alphabet

abeceda

Wort

slovo

Text

text

lesen

číst

Kreide

křída

Stunde

hodina

Klassenbuch

třídní kniha

Prüfung

zkouška

Zeugnis

vysvědčení

Schuluniform

školní uniforma

Ausbildung

vzdělání

Lexikon

encyklopedie

Universität

univerzita

Mikroskop

mikroskop

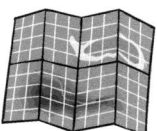

Karte

karta

Papierkorb

odpadkový koš na papír

Hotel
hotel

Grand

Herberge
ubytovna

ROOMS

Wechselstube
směnárna

CHANGE

Koffer
kufr

Auto
auto

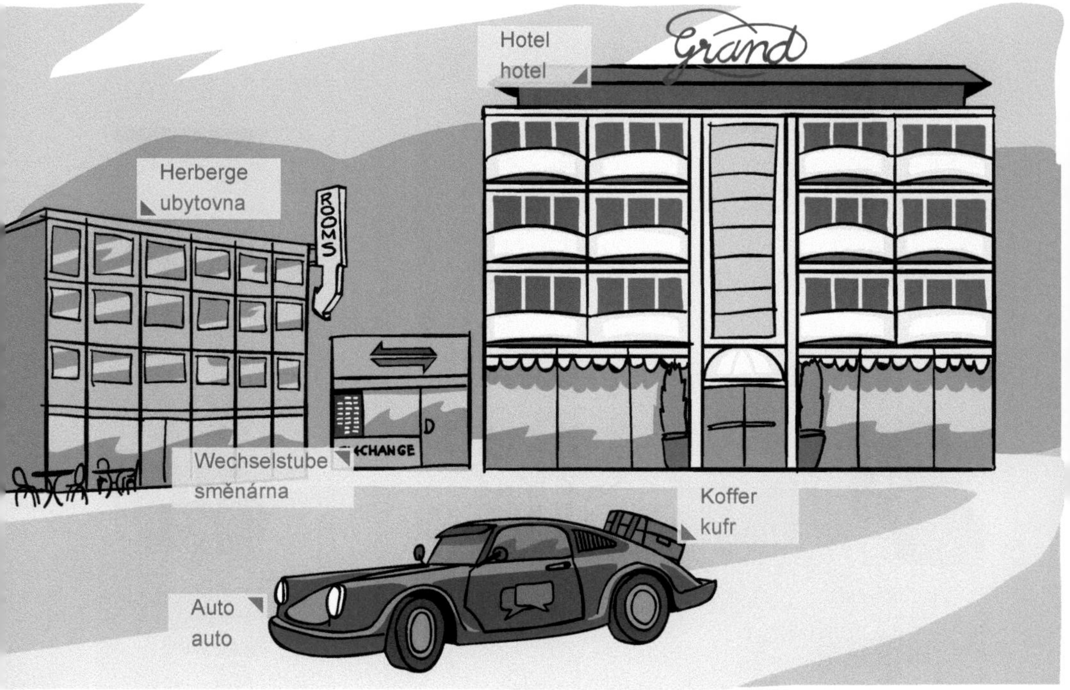

Sprache
jazyk

ja / nein
ano / ne

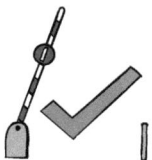

Okay
oukej

Hallo
Ahoj!

Übersetzer
překladatel

Danke
děkuji

Was kostet...?

Kolik stojí...?

Ich verstehe nicht

nerozumím

Problem

problém

Guten Abend!

Dobrý večer!

Guten Morgen!

Dobré ráno!

Gute Nacht!

Dobrou noc!

Auf Wiedersehen

na shledanou

Richtung

směr

Gepäck

zavazadlo

Tasche

taška

Rucksack

batoh

Gast

host

Zimmer

pokoj

Schlafsack

spací pytel

Zelt

stan

Touristeninformation

turistické informace

Strand

pláž

Kreditkarte

kreditní karta

Frühstück

snídaně

Mittagessen

oběd

Abendessen

večeře

Fahrkarte

jízdenka

Fahrstuhl

výtah

Briefmarke

poštovní známka

Grenze

hranice

Zoll

clo

Botschaft

poselství

Visum

vízum

Pass

pas

Transport
transport

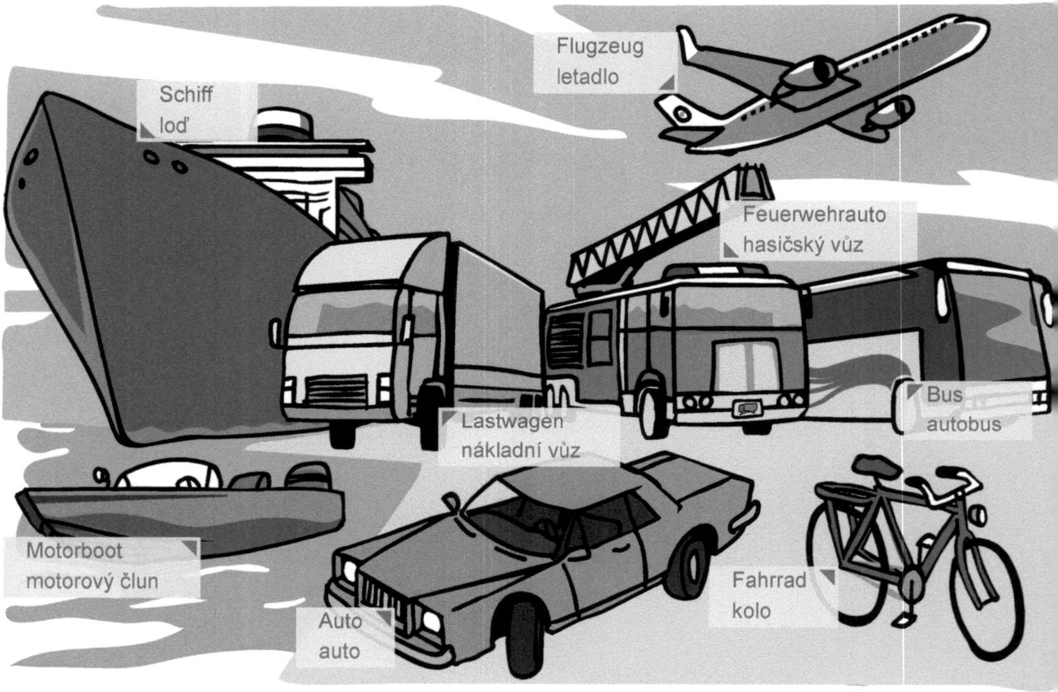
Flugzeug
letadlo
Schiff
loď
Feuerwehrauto
hasičský vůz
Bus
autobus
Lastwagen
nákladní vůz
Motorboot
motorový člun
Fahrrad
kolo
Auto
auto

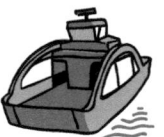

Fähre

přívoz

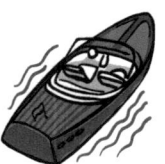

Boot

člun

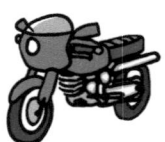

Motorrad

motorka

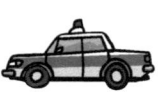

Polizeiauto

policejní auto

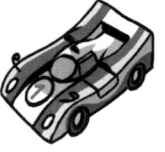

Rennauto

závodní auto

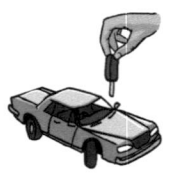

Mietwagen

pronajaté auto

Carsharing

sdílení aut

Abschleppwagen

odtahová služba

Müllauto

popelářský vůz

Motor

motor

Kraftstoff

palivo

Tankstelle

čerpací stanice

Verkehrsschild

dopravní značka

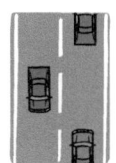

Verkehr

doprava

Stau

dopravní zácpa

Parkplatz

parkoviště

Bahnhof

vlakové nádraží

Schienen

koleje

Zug

vlak

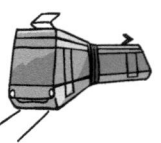

Straßenbahn

tramvaj

Wagon

vagón

Helikopter

helikoptéra

Flughafen

letiště

Tower

věž

Passagier

pasažér

Container

kontejner

Karton

kartón

Karren

trakař

Korb

koš

starten / landen

vzlétnout / přistát

Stadt

město

Dorf

vesnice

Stadtzentrum

střed města

Haus

dům

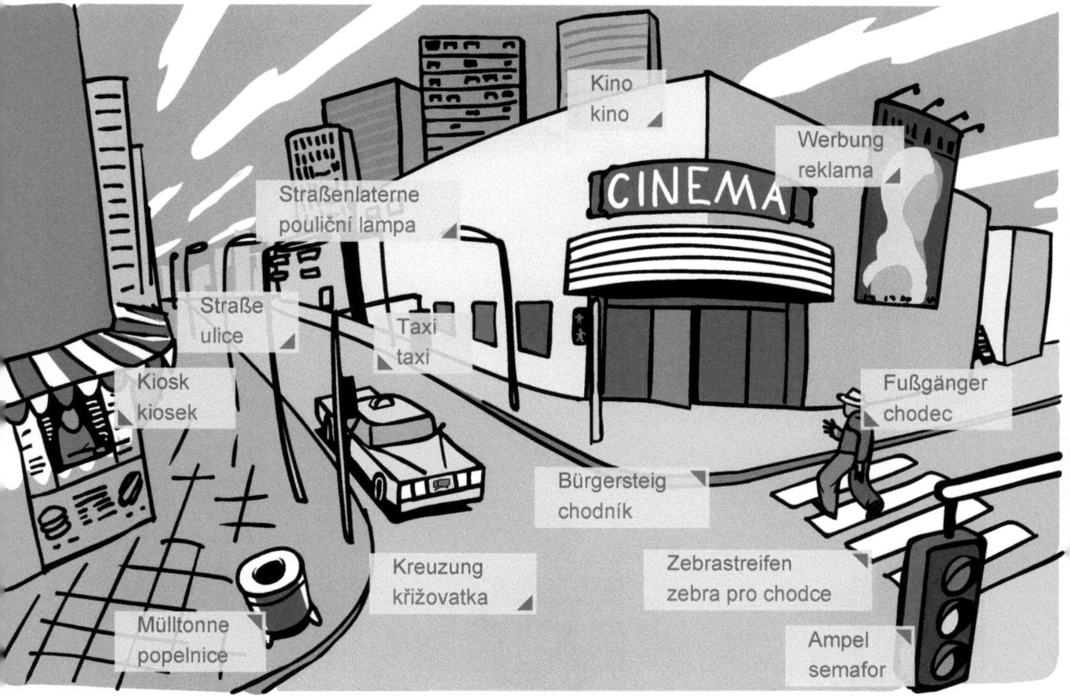

Kino
kino
Werbung
reklama
CINEMA
Straßenlaterne
pouliční lampa
Straße
ulice
Taxi
taxi
Kiosk
kiosek
Fußgänger
chodec
Bürgersteig
chodník
Kreuzung
křižovatka
Zebrastreifen
zebra pro chodce
Mülltonne
popelnice
Ampel
semafor

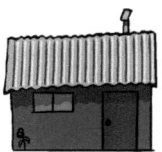

Hütte
chata

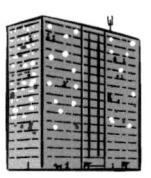

Wohnung
byt

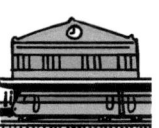

Bahnhof
vlakové nádraží

Rathaus
radnice

MUSEUM

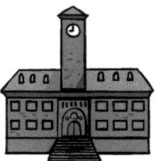

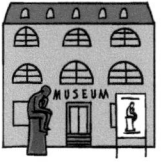

Museum
muzeum

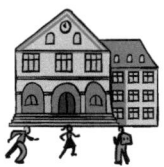

Schule
škola

Universität

univerzita

Bank

banka

Krankenhaus

nemocnice

Hotel

hotel

Apotheke

lékárna

Büro

kancelář

Buchhandlung

knihkupectví

Geschäft

obchod

Blumenladen

květinářství

Supermarkt

supermarket

Markt

tržnice

Kaufhaus

obchodní dům

Fischhändler

rybárna

Einkaufszentrum

nákupní centrum

Hafen

přístav

Park
park

Bank
lavička

Brücke
most

Treppe
schody

U-Bahn
metro

Tunnel
tunel

Bushaltestelle
autobusová zastávka

Bar
bar

Restaurant
restaurace

Briefkasten
poštovní schránka

Straßenschild
pouliční tabule

Parkuhr
parkovací hodiny

Zoo
zoo

Badeanstalt
plovárna

Moschee
mešita

Bauernhof
....
usedlost

Umweltverschmutzung
....
znečišťování životního
prostředí

Friedhof
....
hřbitov

Kirche
....
církev

Spielplatz
....
hřiště

Tempel
....
chrám

Landschaft
krajina

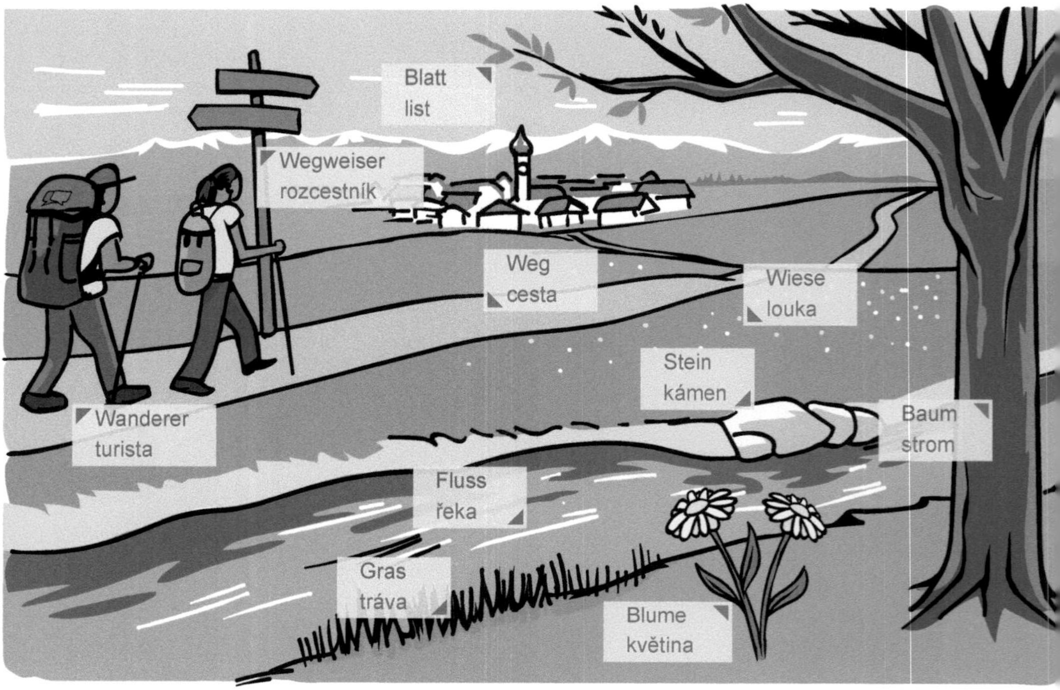

Blatt / list

Wegweiser / rozcestník

Weg / cesta

Wiese / louka

Stein / kámen

Baum / strom

Wanderer / turista

Fluss / řeka

Gras / tráva

Blume / květina

Tal

údolí

Berg

hora

See

jezero

Wald

les

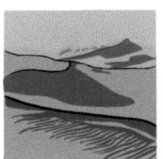

Wüste

poušť

Vulkan

sopka

Schloss

zámek

Regenbogen

duha

Pilz

houba

Palme

palma

Moskito

komár

Fliege

moucha

Ameise

mravenec

Biene

včela

Spinne

pavouk

Käfer

brouk

Frosch

žába

Eichhörnchen

veverka

Igel

ježek

Hase

zajíc

Eule

sova

Vogel

pták

Schwan

labuť

Wildschwein

divoké prase

Hirsch

jelen

Elch

los

Staudamm

přehrada

Windrad

větrné kolo

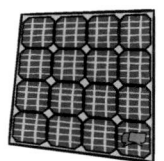

Solarmodul

solární panel

Klima

podnebí

Restaurant
restaurace

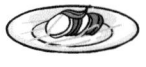

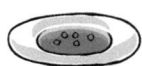

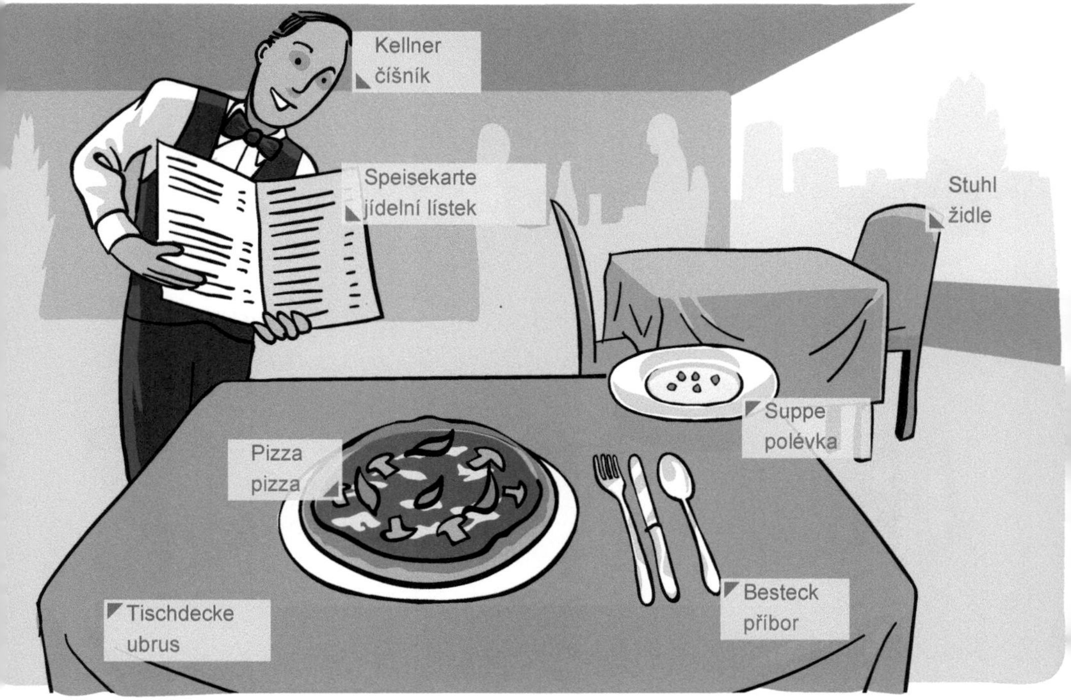
Kellner
číšník
Speisekarte
jídelní lístek
Stuhl
židle
Suppe
polévka
Pizza
pizza
Besteck
příbor
Tischdecke
ubrus

Vorspeise
předkrm

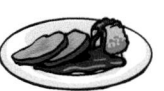

Hauptgericht
hlavní chod

Nachspeise
dezert

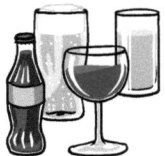

Getränke
nápoje

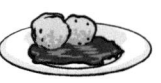

Essen
jídlo

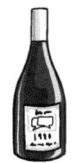

Flasche
láhev

Fastfood

rychlé občerstvení

Streetfood

pouliční občerstvení

Teekanne

čajová konvice

Zuckerdose

cukřenka

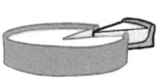

Portion

porce

Espressomaschine

kávovar na espresso

Hochstuhl

dětská stolička

Rechnung

faktura

Tablett

tác

Messer

nůž

Gabel

vidlička

Löffel

lžíce

Teelöffel

čajová lyžička

Serviette

ubrousek

Glas

sklenička

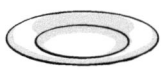

Teller

talíř

Suppenteller

talíř na polévku

Untertasse

podšálek

Sauce

omáčka

Salzstreuer

slánka

Pfeffermühle

mlýnek na pepř

Essig

ocet

Öl

olej

Gewürze

koření

Ketchup

kečup

Senf

hořčice

Mayonnaise

majonéza

Supermarkt
supermarket

Angebot
nabídka
FOR
Kunde
zákazník
Milchprodukte
mléčné výrobky
Obst
ovoce
Einkaufswagen
nákupní vozík

BUTCHERS

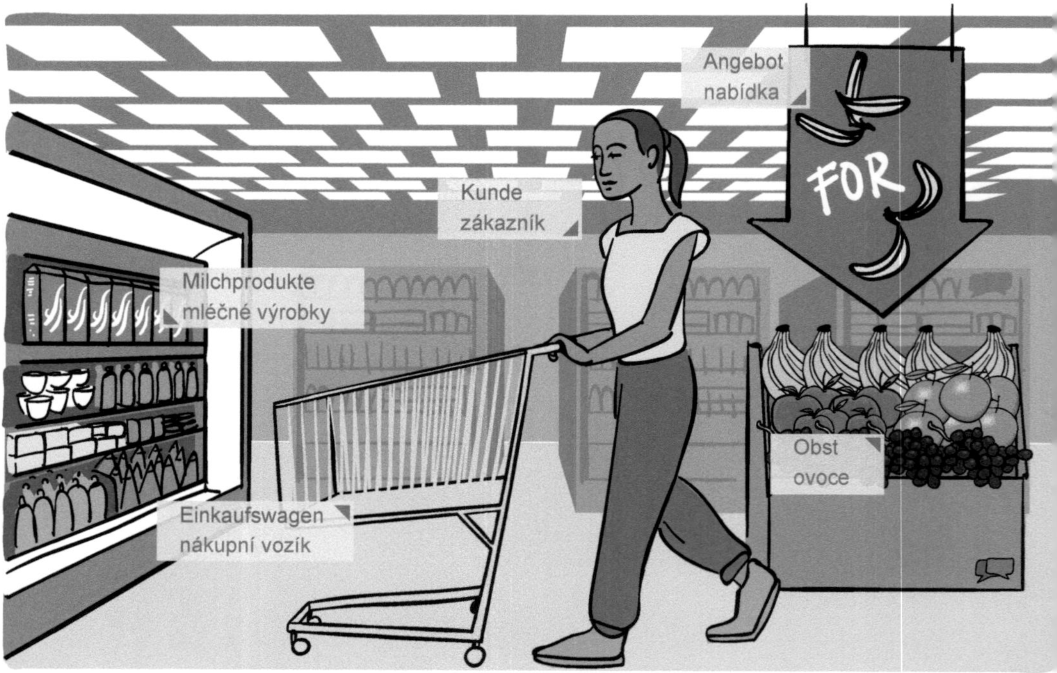

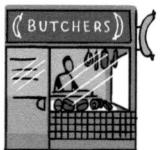

Schlachterei

masna

BAKERY

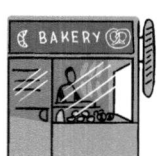

Bäckerei

pekařství

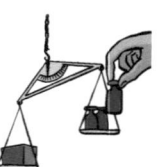

wiegen

vážit

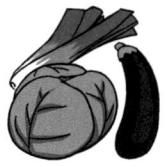

Gemüse

zelenina

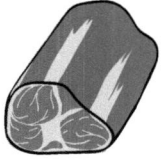

Fleisch

maso

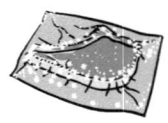

Tiefkühlkost

mražené potraviny

Aufschnitt

obložený talíř

Konserven

konzervy

Waschmittel

prací prášek

Süßigkeiten

cukrovinky

Haushaltsartikel

výrobky pro domácnost

Reinigungsmittel

čisticí prostředek

Verkäuferin

prodavačka

Kasse

pokladna

Kassierer

pokladní

Einkaufsliste

nákupní seznam

Öffnungszeiten

otevírací doba

Brieftasche

peněženka

Kreditkarte

kreditní karta

Tasche

taška

Plastiktüte

igelitová taška

Wasser

voda

Saft

džus

Milch

mléko

Cola

kola

Wein

víno

Bier

pivo

Alkohol

alkohol

Kakao

kakao

Tee

čaj

Kaffee

káva

Espresso

espresso

Cappuccino

kapučíno

Banane

banán

Apfel

jablko

Orange

pomeranč

Melone

meloun

Zitrone

citrón

Karotte

mrkev

Knoblauch

česnek

Bambus

bambus

Zwiebel

cibule

Pilz

houba

Nüsse

ořechy

Nudeln

těstoviny

Spaghetti

špageti

Reis

rýže

Salat

salát

Pommes frites

hranolky

Bratkartoffeln

americké brambory

Pizza

pizza

Hamburger

hamburger

Sandwich

sendvič

Schnitzel

řízek

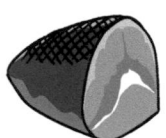

Schinken

šunka

Salami

salám

Wurst

salám

Huhn

kuře

Braten

pečeně

Fisch

ryby

Haferflocken

ovesné vločky

Müsli

müsli

Cornflakes

vločky

Mehl

mouka

Croissant

croissant

Brötchen

houska

Brot

chléb

Toast

toast

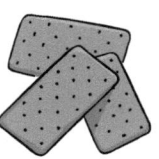

Kekse

sušenky

Butter

máslo

Quark

tvaroh

Kuchen

buchta

Ei

vejce

Spiegelei

volské oko

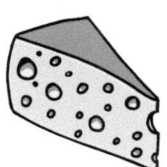

Käse

sýr

Eiscreme

zmrzlina

Zucker

cukr

Honig

med

Marmelade

marmeláda

Nougat-Creme

nugátový krém

Curry

kari

Bauernhof

usedlost

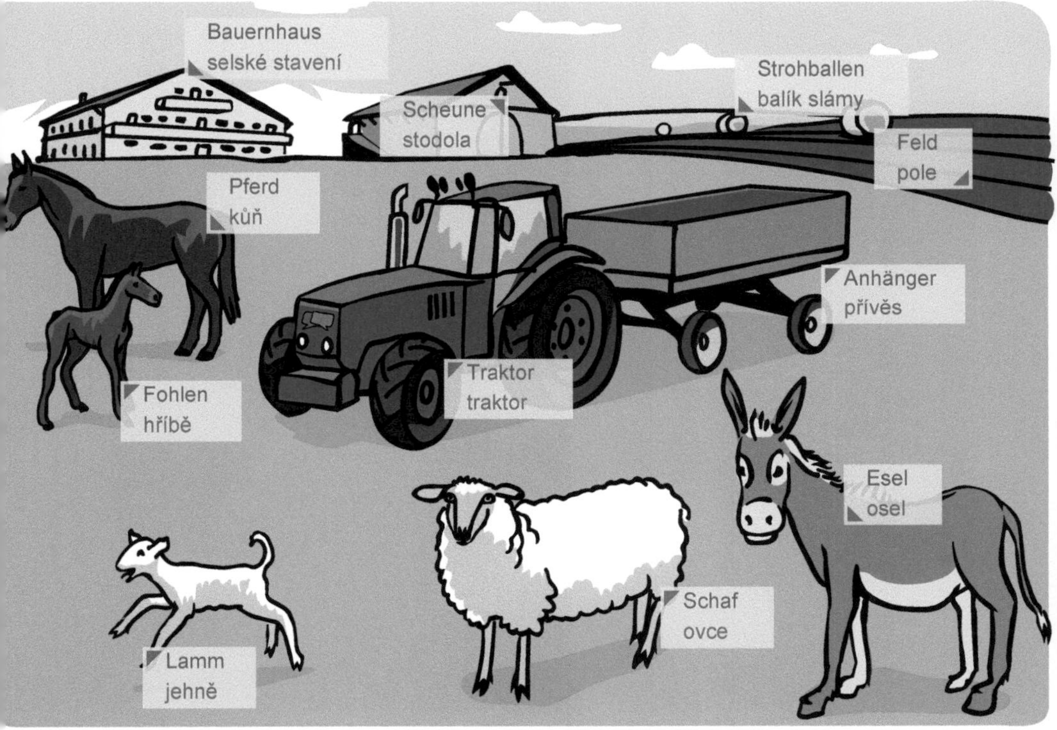
Bauernhaus
selské stavení
Scheune
stodola
Strohballen
balík slámy
Feld
pole
Pferd
kůň
Anhänger
přívěs
Traktor
traktor
Fohlen
hříbě
Esel
osel
Schaf
ovce
Lamm
jehně

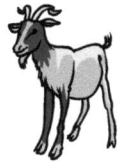

Ziege

koza

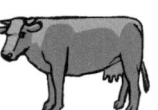

Kuh

kráva

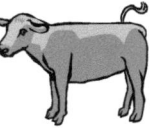

Kalb

tele

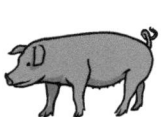

Schwein

prase

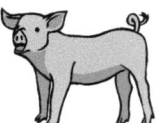

Ferkel

sele

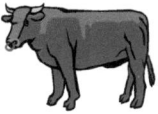

Bulle

býk

Gans

husa

Ente

kachna

Küken

kuře

Huhn

slepice

Hahn

kohout

Ratte

krysa

Katze

kočka

Maus

myš

Ochse

vůl

Hund

pes

Hundehütte

psí bouda

Gartenschlauch

zahradní hadice

Gießkanne

kropicí konev

Sense

kosa

Pflug

pluh

Sichel

srp

Hacke

motyka

Mistgabel

vidle

Axt

sekera

Schubkarre

kolecko

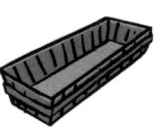

Trog

koryto

Milchkanne

konev na mléko

Sack

pytel

Zaun

plot

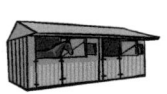

Stall

stáj

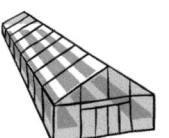

Treibhaus

skleník

Boden

půda

Saat

osivo

Dünger

hnojivo

Mähdrescher

kombajn

ernten

sklidit

Ernte

sklizeň

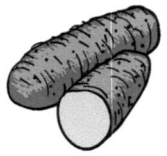

Yamswurzel

smldinec

Weizen

pšenice

Soja

sója

Kartoffel

brambora

Mais

kukuřice

Raps

řepka

Obstbaum

ovocný strom

Maniok

maniok

Getreide

obilí

Haus
dům

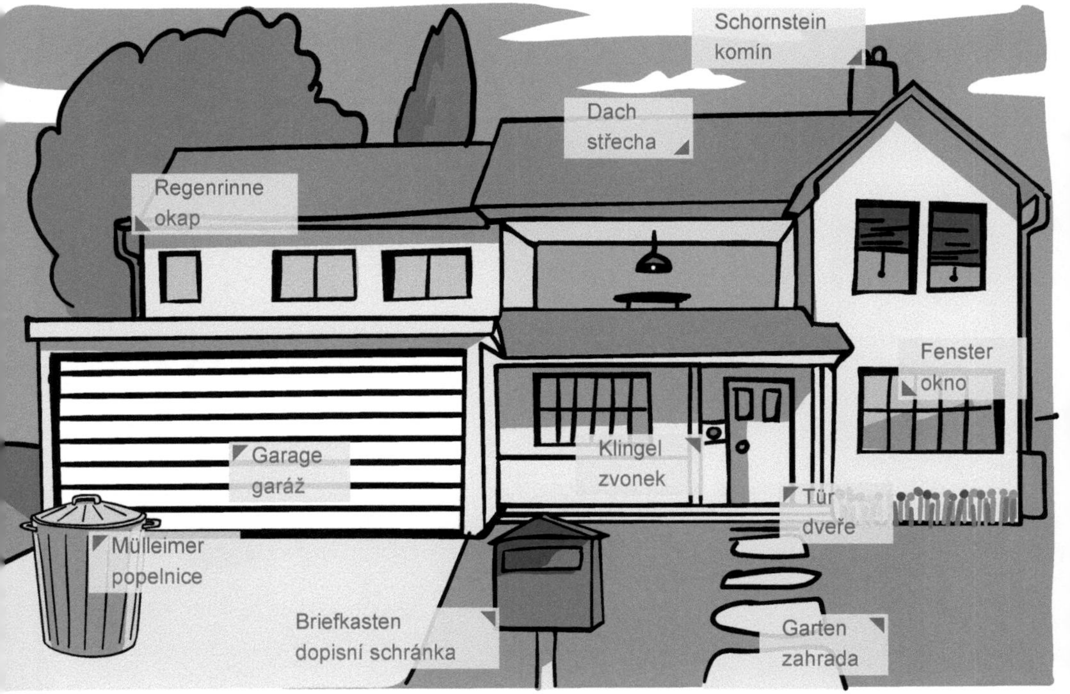
Schornstein
komín
Dach
střecha
Regenrinne
okap
Fenster
okno
Garage
garáž
Klingel
zvonek
Tür
dveře
Mülleimer
popelnice
Briefkasten
dopisní schránka
Garten
zahrada

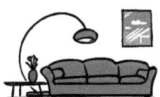

Wohnzimmer

obývací pokoj

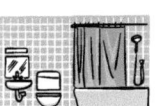

Badezimmer

koupelna

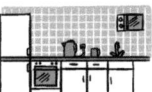

Küche

kuchyně

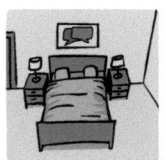

Schlafzimmer

ložnice

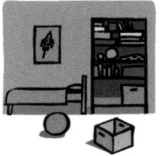

Kinderzimmer

dětský pokoj

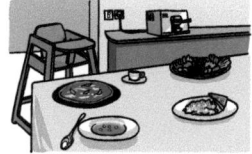

Esszimmer

jídelna

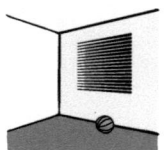

Boden

podlaha

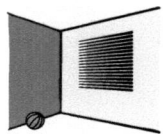

Wand

zeď

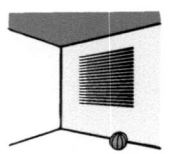

Decke

deka

Keller

sklep

Sauna

sauna

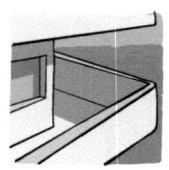

Balkon

balkón

Terrasse

terasa

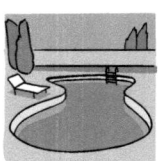

Schwimmbad

bazén

Rasenmäher

sekačka na trávu

Bettbezug

ložní prádlo

Bettdecke

lůžková přikrývka

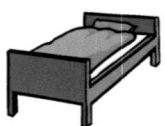

Bett

postel

Besen

smeták

Eimer

kýbl

Schalter

vypínač

Wohnzimmer
obývací pokoj

Tapete
tapeta
Bild
obrázek
Lampe
žárovka
Regal
police
Schrank
skříň
Fernseher
televizor
Kamin
komín
Blume
květina
Kissen
polštář
Sofa
gauč
Vase
váza
Fernbedienung
dálkový ovladač

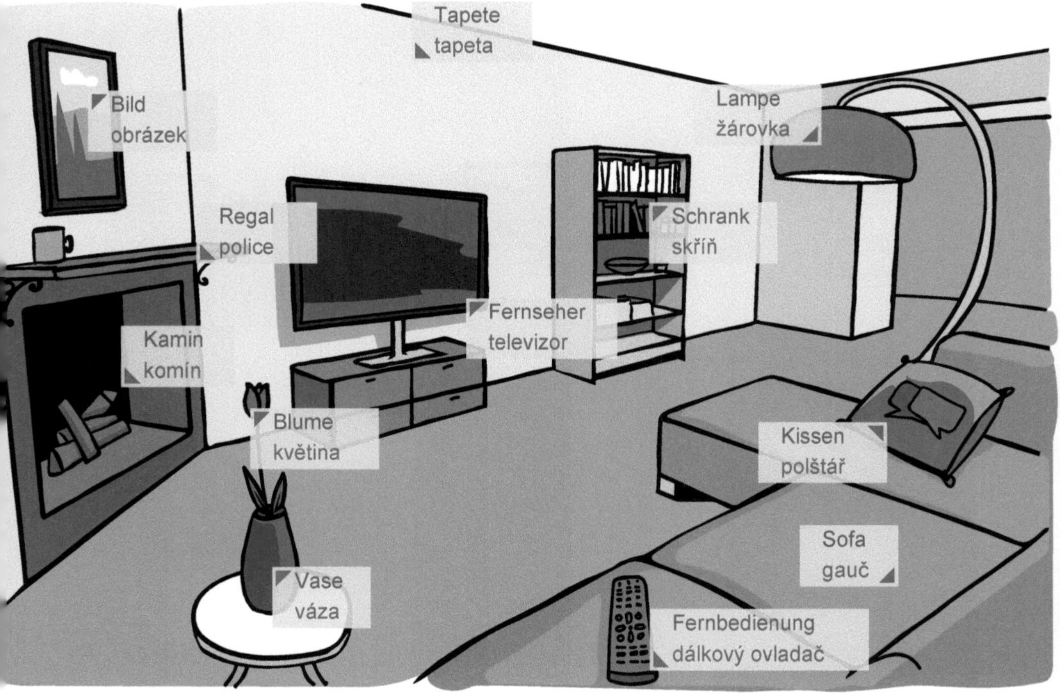

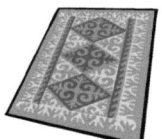

Teppich

koberec

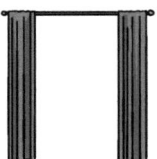

Vorhang

závěs

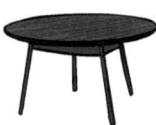

Tisch

stůl

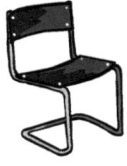

Stuhl

židle

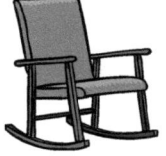

Schaukelstuhl

houpací křeslo

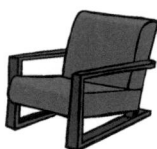

Sessel

křeslo

Buch

kniha

Decke

strop

Dekoration

ozdoba

Feuerholz

palivové dříví

Film

film

Stereoanlage

stereo souprava

Schlüssel

klíč

Zeitung

noviny

Gemälde

malba

Poster

plakát

Radio

rádio

Notizblock

poznámkový blok

Staubsauger

vysavač

Kaktus

kaktus

Kerze

svíce

Küche
kuchyně

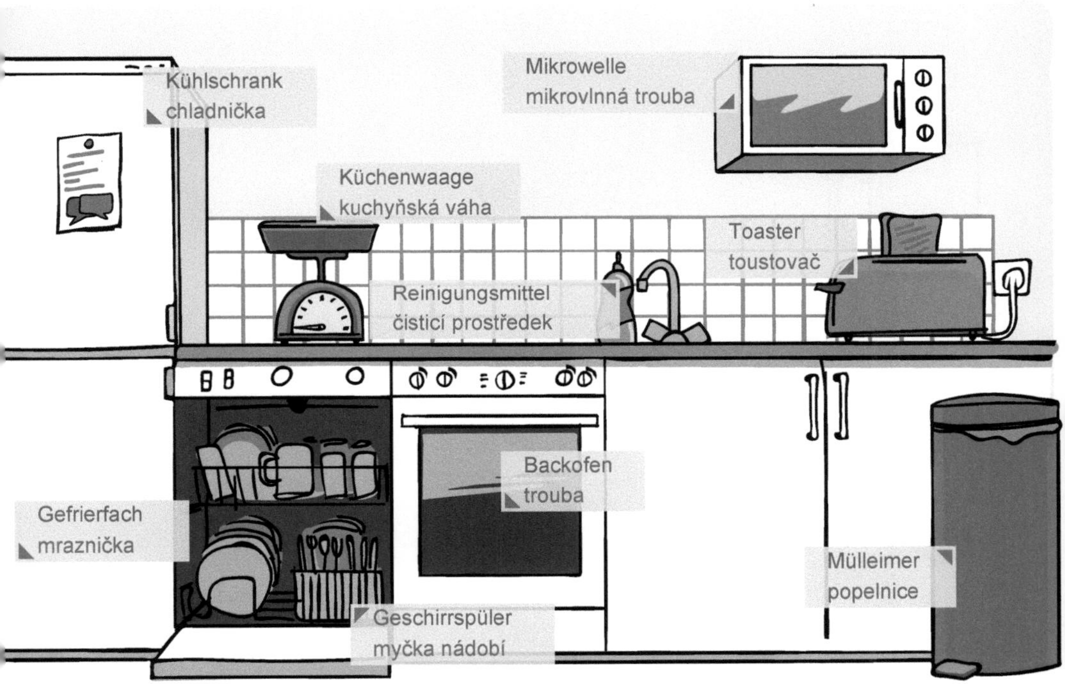
Kühlschrank
chladnička
Mikrowelle
mikrovlnná trouba
Küchenwaage
kuchyňská váha
Toaster
toustovač
Reinigungsmittel
čisticí prostředek
Backofen
trouba
Gefrierfach
mraznička
Mülleimer
popelnice
Geschirrspüler
myčka nádobí

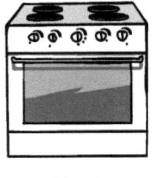

Herd
sporák

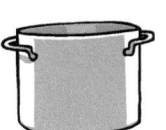

Topf
hrnec

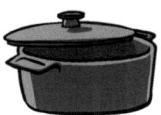

Eisentopf
litinový hrnec

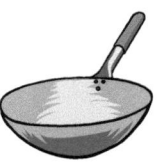

Wok / Kadai
wok / kadai

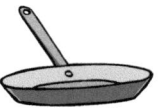

Pfanne
pánev

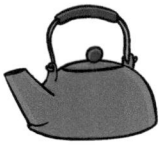

Wasserkocher
varná konvice

Dampfgarer

parní hrnec

Backblech

plech na pečení

Geschirr

nádobí

Becher

hrnek

Schale

miska

Essstäbchen

jídelní hůlky

Suppenkelle

naběračka

Pfannenwender

obracečka

Schneebesen

metla

Kochsieb

síto

Sieb

cedník

Reibe

struhadlo

Mörser

hmoždíř

Grill

gril

Feuerstelle

ohniště

Küche - kuchyně

Schneidebrett

prkénko na krájení

Nudelholz

váleček na těsto

Korkenzieher

vývrtka

Dose

dóza

Dosenöffner

otvírák na konzervy

Topflappen

chňapka

Waschbecken

umyvadlo

Bürste

kartáč na nádobí

Schwamm

houba

Mixer

mixér

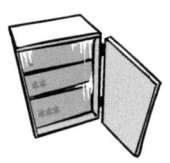

Gefriertruhe

mrazák

Babyflasche

dětská lahev

Wasserhahn

kohoutek

Küche - kuchyně

Badezimmer
koupelna

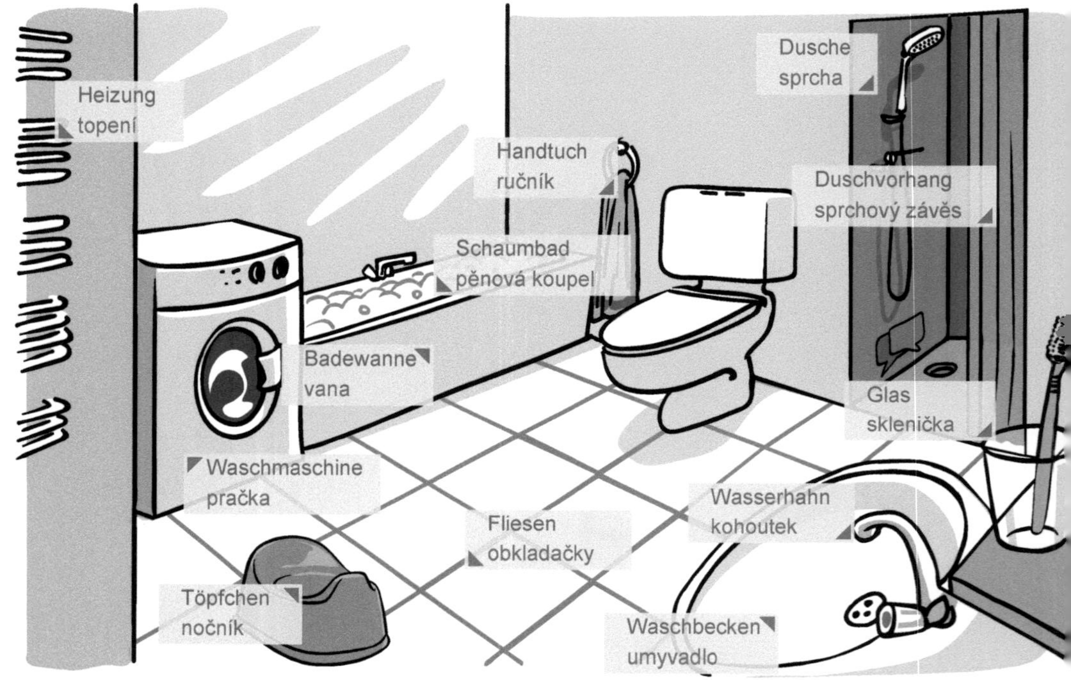
Heizung
topení
Handtuch
ručník
Dusche
sprcha
Duschvorhang
sprchový závěs
Schaumbad
pěnová koupel
Badewanne
vana
Glas
sklenička
Waschmaschine
pračka
Wasserhahn
kohoutek
Fliesen
obkladačky
Töpfchen
nočník
Waschbecken
umyvadlo

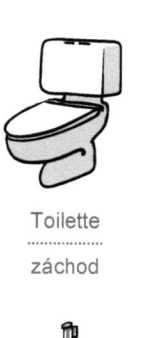

Toilette

záchod

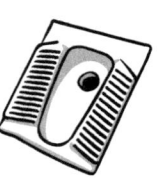

Hocktoilette

turecký záchod

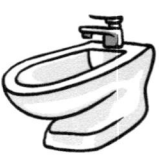

Bidet

bidet

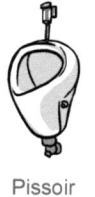

Pissoir

pisoár

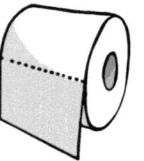

Toilettenpapier

toaletní papír

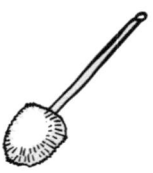

Toilettenbürste

záchodová štětka

Zahnbürste

zubní kartáček

Zahnpasta

zubní pasta

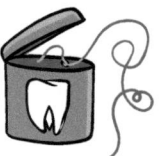

Zahnseide

zubní niť

waschen

mýt

Handbrause

ruční sprcha

Intimdusche

intimní sprcha

Waschschüssel

umyvadlo

Rückenbürste

kartáč na záda

Seife

mýdlo

Duschgel

sprchový gel

Shampoo

šampón

Waschlappen

žínka

Abfluss

odpad

Creme

krém

Deodorant

deodorant

Spiegel

zrcadlo

Kosmetikspiegel

kosmetické zrcátko

Rasierer

holicí strojek

Rasierschaum

pěna na holení

Rasierwasser

voda po holení

Kamm

hřeben

Bürste

kartáč

Föhn

fén

Haarspray

lak na vlasy

Makeup

makeup

Lippenstift

rtěnka

Nagellack

lak na nehty

Watte

vata

Nagelschere

nůžky na nehty

Parfum

parfém

Kulturbeutel

aška s toaletními potřebami

Hocker

stolička

Waage

váha

Bademantel

župan

Gummihandschuhe

gumové rukavice

Tampon

tampón

Damenbinde

dámská vložka

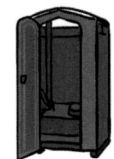

Chemietoilette

chemická toaleta

Kinderzimmer
dětský pokoj

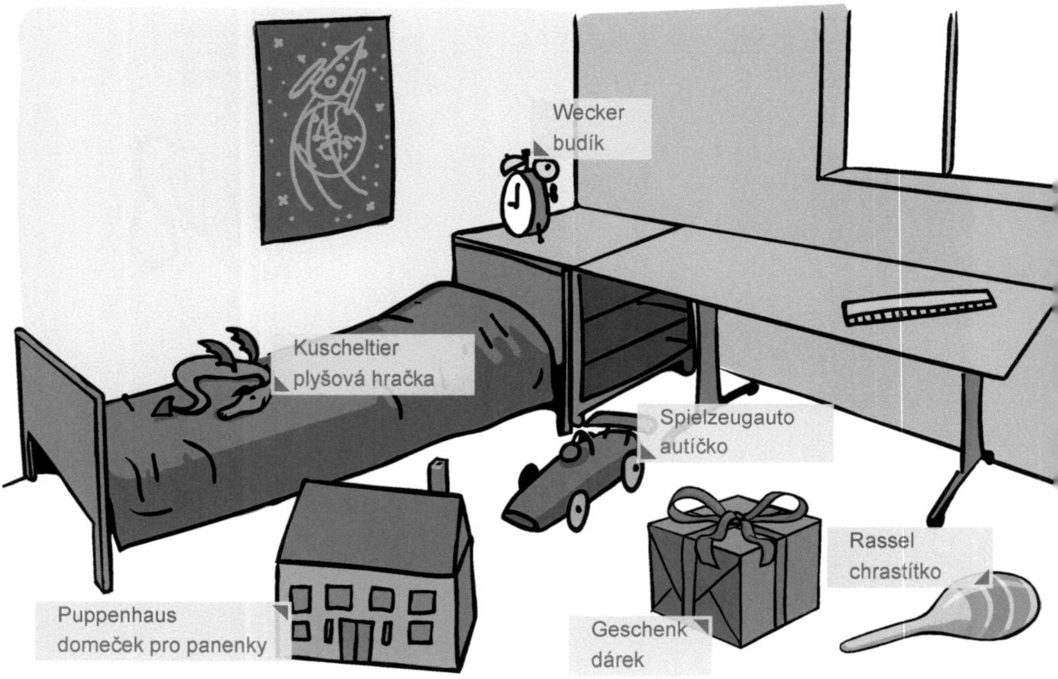

Wecker
budík

Kuscheltier
plyšová hračka

Spielzeugauto
autíčko

Rassel
chrastítko

Puppenhaus
domeček pro panenky

Geschenk
dárek

Ballon

balón

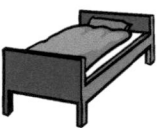

Bett

postel

Kinderwagen

kočárek

Kartenspiel

balíček karet

Puzzle

puzzle

Comic

komiks

Legosteine

lego kostky

Bausteine

stavebnice

Action Figur

akční figurka

Strampelanzug

dupačky

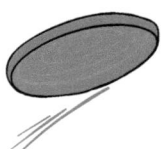

Frisbee

frisbee

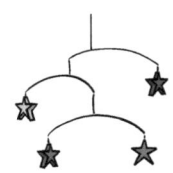

Mobile

závěsné hračky nad
postýlku

Brettspiel

desková hra

Würfel

kostky

Modelleisenbahn

modelová železnice

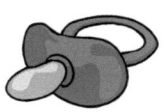

Schnuller

dudlík

Party

oslava

Bilderbuch

obrázková kniha

Ball

míč

Puppe

panenka

spielen

hrát si

Sandkasten

pískoviště

Schaukel

houpačka

Spielzeug

hračky

Spielkonsole

hrací konzole

Dreirad

tříkolka

Teddy

medvídek

Kleiderschrank

šatník

Kleidung
oblečení

Socken

ponožky

Strümpfe

punčochy

Strumpfhose

punčochové kalhoty

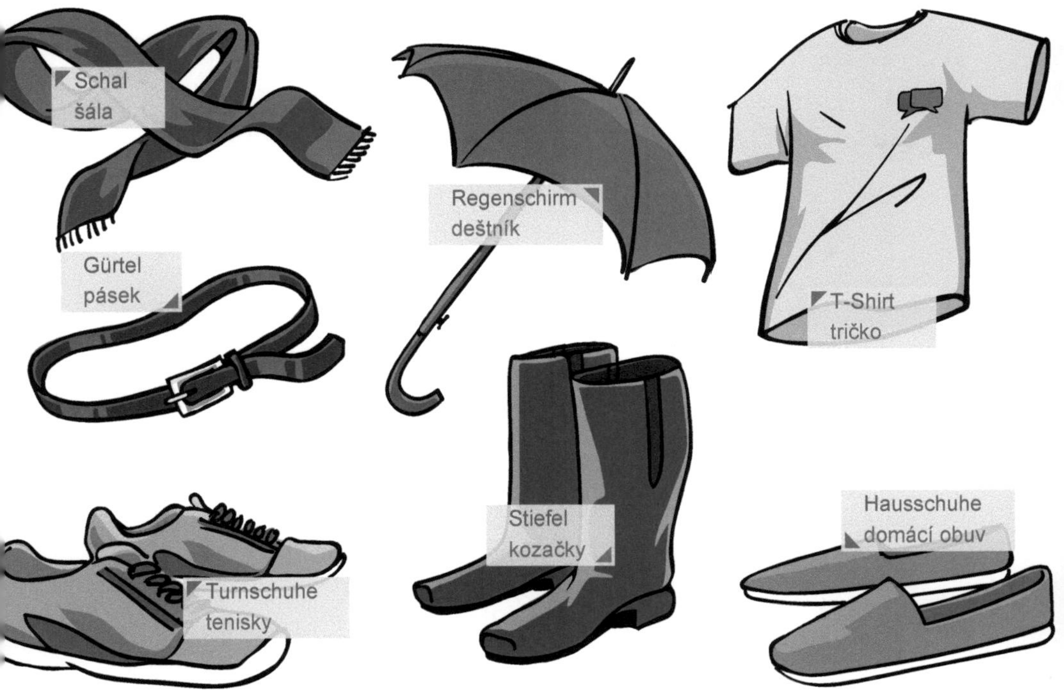

Schal
šála

Gürtel
pásek

Regenschirm
deštník

T-Shirt
tričko

Stiefel
kozačky

Hausschuhe
domácí obuv

Turnschuhe
tenisky

Sandalen
·················
sandály

Schuhe
·················
obuv

Gummistiefel
·················
holínky

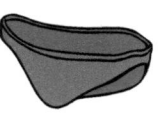

Unterhose
·················
spodní prádlo

Büstenhalter
·················
podprsenka

Unterhemd
·················
nátělník

Body
body

Hose
kalhoty

Jeans
džíny

Rock
sukně

Bluse
blůza

Hemd
košile

Pullover
svetr

Kapuzenpullover
mikina

Blazer
blejzr

Jacke
bunda

Mantel
kabát

Regenmantel
pláštěnka

Kostüm
kostým

Kleid
šaty

Hochzeitskleid
svatební šaty

Anzug

oblek

Nachthemd

noční košile

Schlafanzug

pyžamo

Sari

sárí

Kopftuch

šátek na hlavu

Turban

turban

Burka

burka

Kaftan

kaftan

Abaya

abája

Badeanzug

plavky

Badehose

pánské plavky

Kurze Hose

kraťasy

Trainingsanzug

tepláková souprava

Schürze

zástěra

Handschuhe

rukavice

Knopf

knoflík

Brille

brýle

Armband

náramek

Halskette

náhrdelník

Ring

prsten

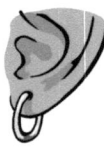

Ohrring

náušnice

Mütze

čepice

Kleiderbügel

ramínko

Hut

klobouk

Krawatte

kravata

Reißverschluss

zip

Helm

helma

Hosenträger

kšandy

Schuluniform

školní uniforma

Uniform

uniforma

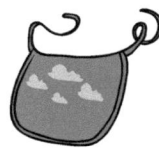

Lätzchen

bryndák

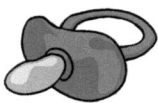

Schnuller

dudlík

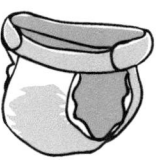

Windel

plena

Büro
kancelář

Server
server
Aktenschrank
kartotéka
Drucker
tiskárna
Papier
papír
Monitor
monitor
Maus
myš
Schreibtisch
psací stůl
Ordner
šanon
Tastatur
klávesnice
Papierkorb
odpadkový koš na papír
Stuhl
židle
Computer
počítač

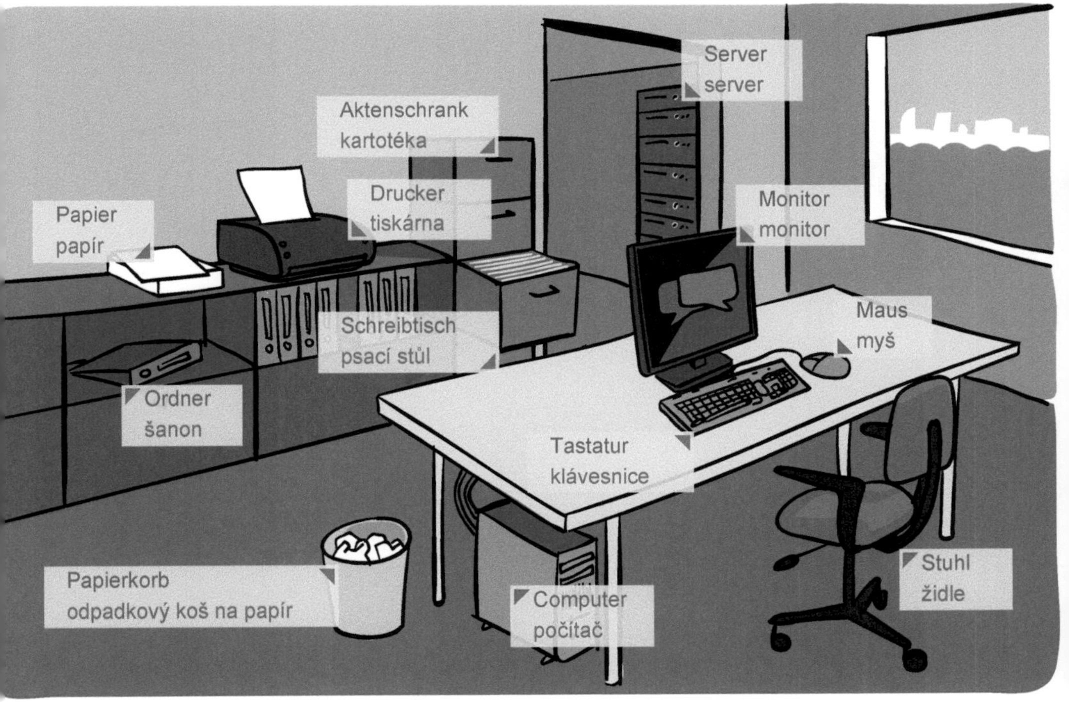

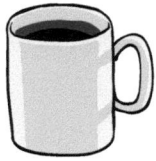

Kaffeebecher

hrnek na kávu

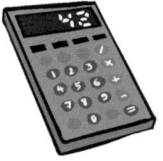

Taschenrechner

kalkulačka

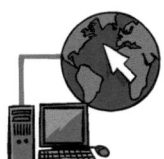

Internet

internet

Laptop

notebook

Brief

dopis

Nachricht

zpráva

Handy

mobil

Netzwerk

síť

Kopierer

kopírka

Software

software

Telefon

telefon

Steckdose

zásuvka

Fax

fax

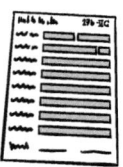

Formular

formulář

Dokument

dokument

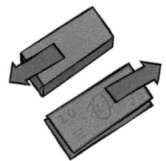

kaufen

nakupovat

bezahlen

zaplatit

handeln

jednat

Geld

peníze

Dollar

dolar

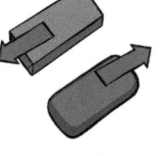

Euro

euro

Yen

jen

Rubel

rubl

Franken

frank

Renminbi Yuan

juan

Rupie

rupie

Geldautomat

bankomat

Wechselstube

směnárna

Gold

zlato

Silber

stříbro

Öl

olej

Energie

energie

Preis

cena

Vertrag

smlouva

Steuer

daň

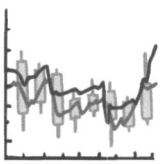

Aktie

akcie

arbeiten

pracovat

Angestellter

zaměstnanec

Arbeitgeber

zaměstnavatel

Fabrik

továrna

Geschäft

obchod

Berufe
povolání

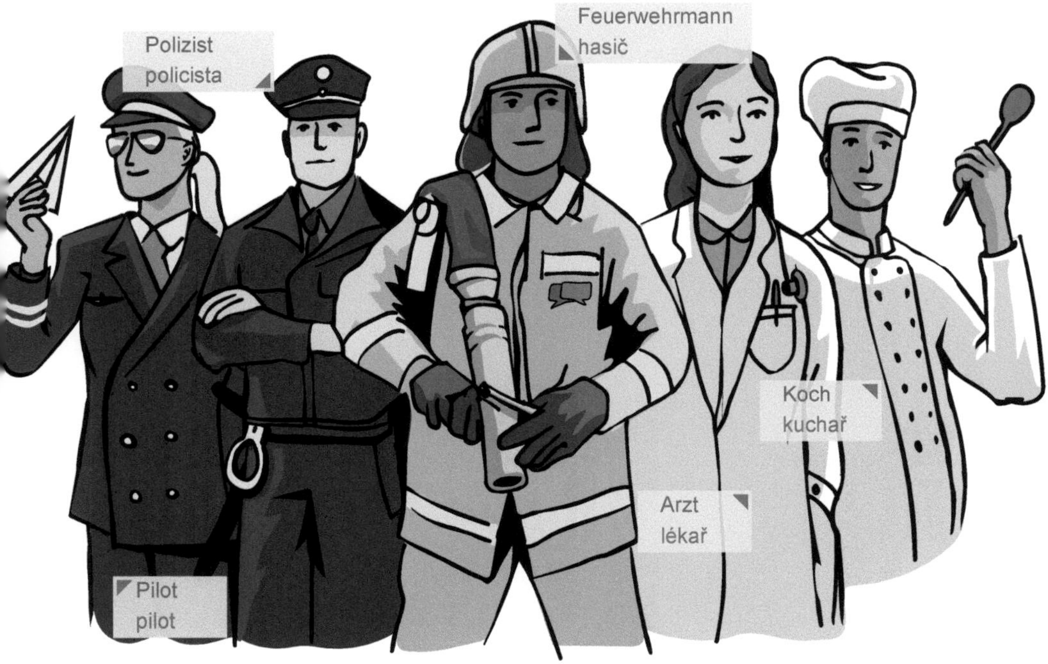
Polizist
policista
Feuerwehrmann
hasič
Koch
kuchař
Arzt
lékař
Pilot
pilot

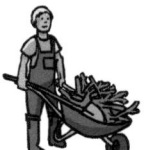

Gärtner

zahradník

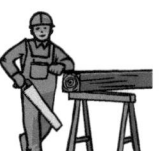

Tischler

truhlář

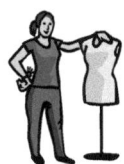

Näherin

švadlena

Richter

soudce

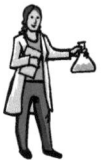

Chemiker

chemik

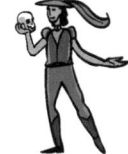

Schauspieler

herec

Busfahrer

řidič autobusu

Taxifahrer

řidič taxi

Fischer

rybář

Putzfrau

uklízečka

Dachdecker

pokrývač

Kellner

číšník

Jäger

myslivec

Maler

malíř

Bäcker

pekař

Elektriker

elektrikář

Bauarbeiter

stavební dělník

Ingenieur

inženýr

Schlachter

řezník

Klempner

klempíř

Postbote

listonoš

Soldat

voják

Architekt

architekt

Kassierer

pokladní

Florist

florista

Friseur

kadeřník

Schaffner

průvodčí

Mechaniker

mechanik

Kapitän

kapitán

Zahnarzt

zubař

Wissenschaftler

vědec

Rabbi

rabín

Imam

imám

Mönch

mnich

Geistlicher

duchovní

Werkzeuge
nářadí

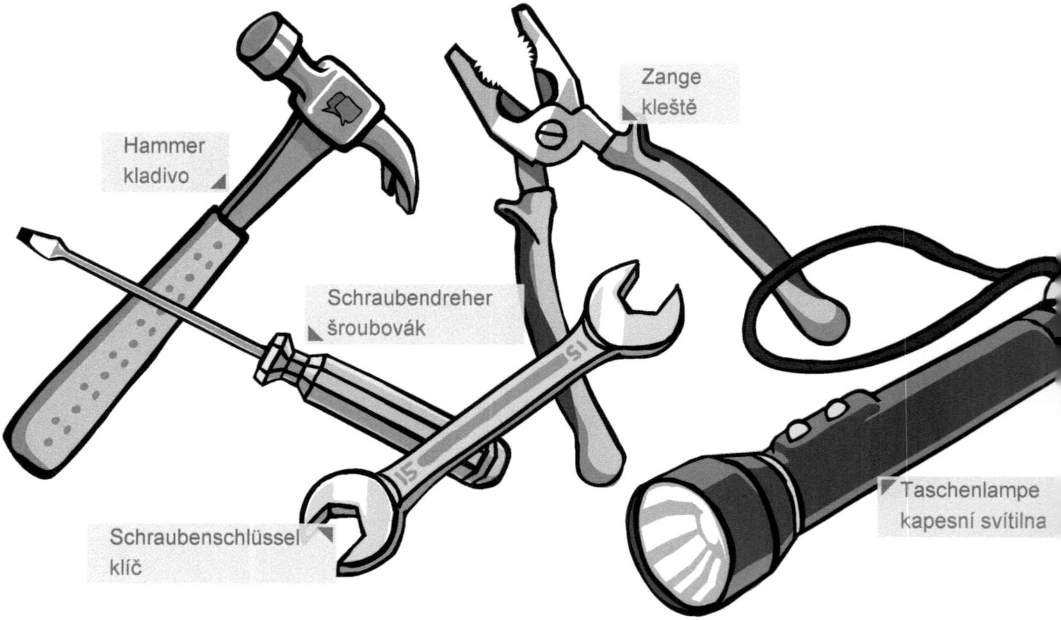
Zange
kleště
Hammer
kladivo
Schraubendreher
šroubovák
Taschenlampe
kapesní svítilna
Schraubenschlüssel
klíč

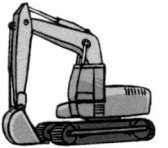

Bagger
bagr

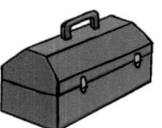

Werkzeugkasten
skříň na nářadí

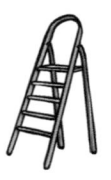

Leiter
žebřík

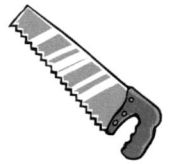

Säge
pila

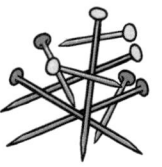

Nägel
hřebíky

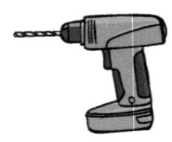

Bohrer
vrtačka

reparieren

opravit

Schaufel

lopata

Mist!

Kurva!

Kehrblech

lopatka

Farbtopf

vědroé na barvu

Schrauben

šrouby

Musikinstrumente

hudební nástroje

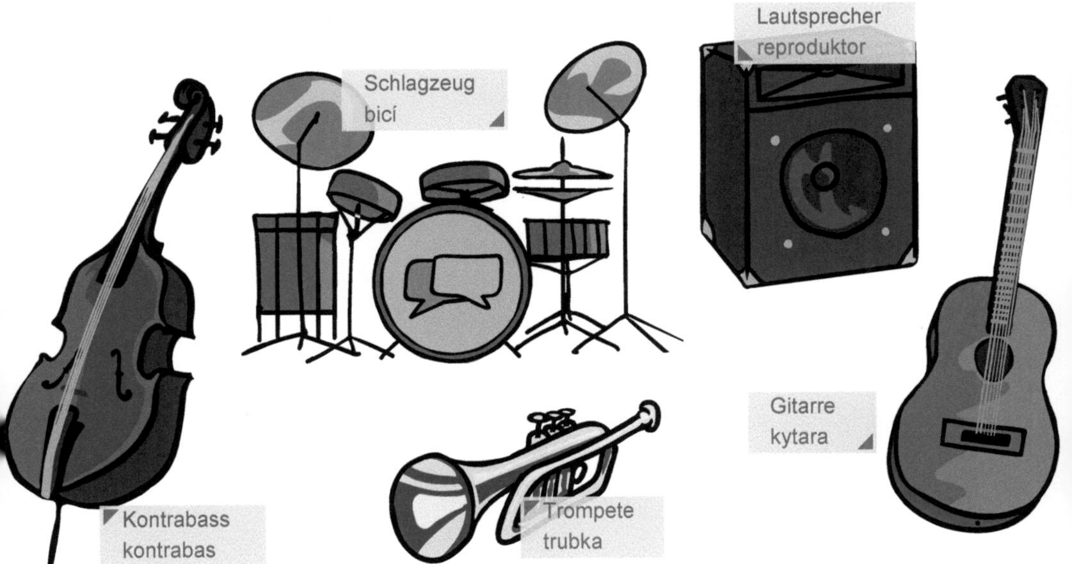

Schlagzeug
bicí

Lautsprecher
reproduktor

Gitarre
kytara

Kontrabass
kontrabas

Trompete
trubka

Klavier

klavír

Violine

housle

Bass

basa

Pauke

tympán

Trommeln

bubny

Keyboard

keyboard

Saxophon

saxofon

Flöte

flétna

Mikrofon

mikrofon

Zoo

zoo

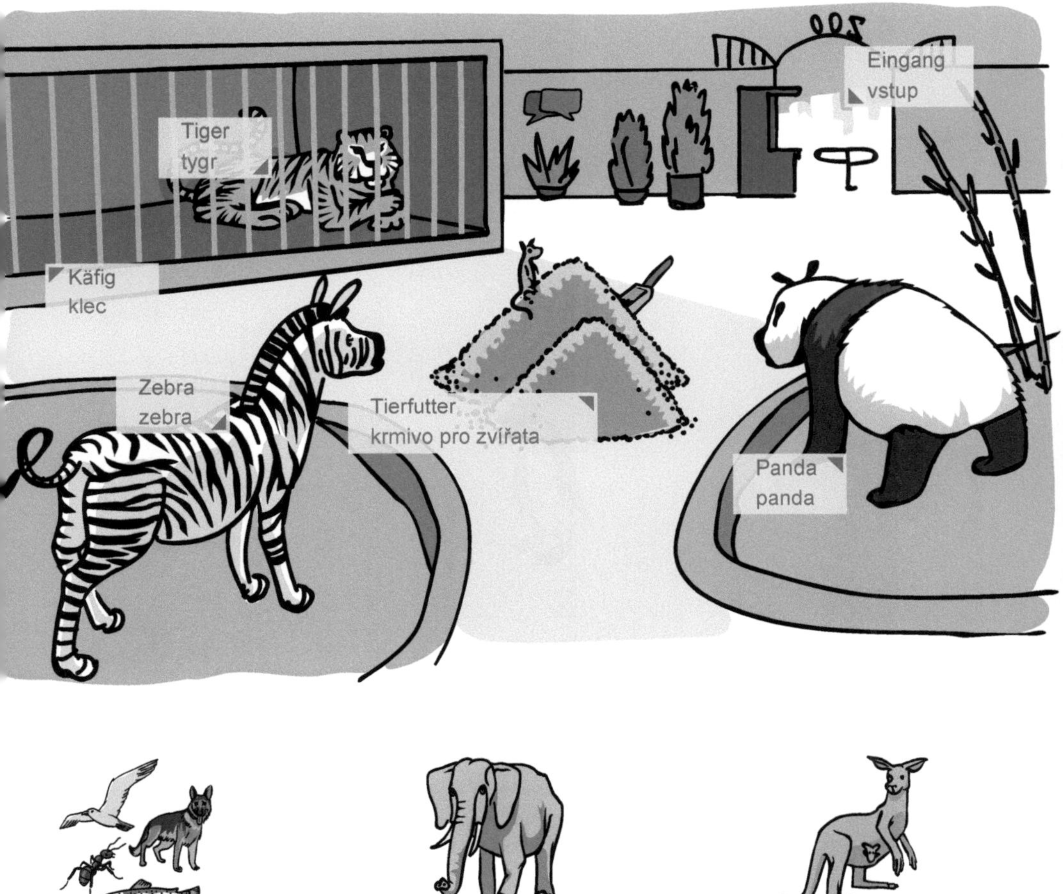
Eingang
vstup
Tiger
tygr
Käfig
klec
Zebra
zebra
Tierfutter
krmivo pro zvířata
Panda
panda

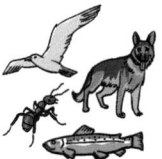

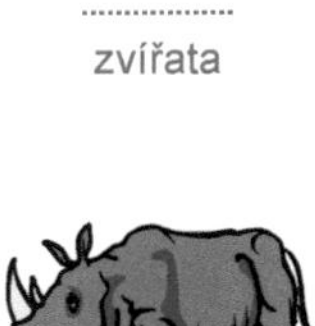
Tiere
zvířata

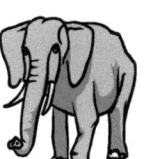

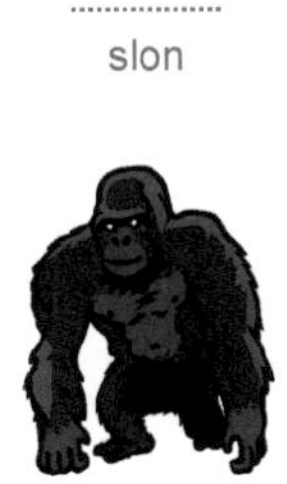
Elefant
slon

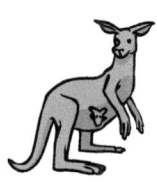

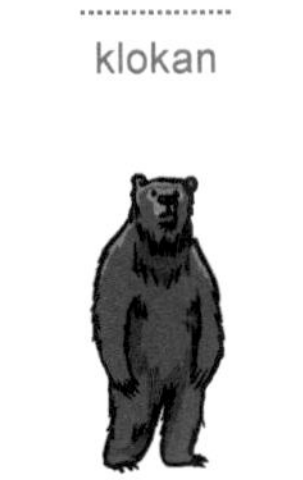
Känguru
klokan

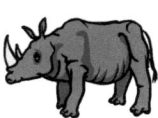

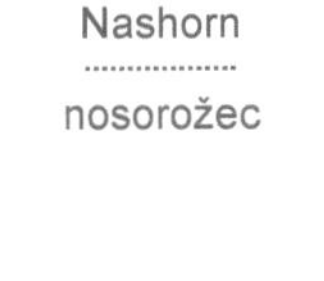
Nashorn
nosorožec

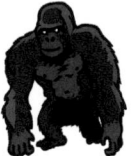

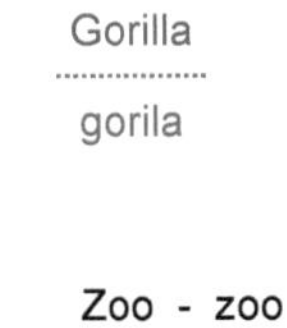
Gorilla
gorila

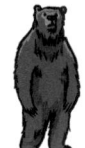

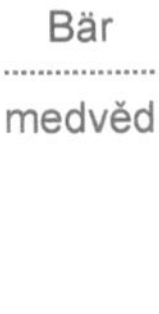
Bär
medvěd

Kamel

velbloud

Strauß

pštros

Löwe

lev

Affe

opice

Flamingo

plameňák

Papagei

papoušek

Eisbär

lední medvěd

Pinguin

tučňák

Hai

žralok

Pfau

páv

Schlange

had

Krokodil

krokodýl

Zoowärter

ošetřovatel zvířat

Robbe

tuleň

Jaguar

jaguár

Pony

poník

Leopard

leopard

Nilpferd

hroch

Giraffe

žirafa

Adler

orel

Wildschwein

divoké prase

Fisch

ryby

Schildkröte

želva

Walross

mrož

Fuchs

liška

Gazelle

gazela

American Football
americký fotbal

Radfahren
cyklistika

Tennis
tenis

Basketball
košíková

Schwimmen
plavání

Boxen
box

Eishockey
lední hokej

Fußball

kopaná

Badminton

badminton

Leichtathletik

lehká atletika

Handball

házená

Skilaufen

běh na lyžích

Polo

vodní pólo

Aktivitäten
aktivity

lachen
smát se
springen
skočit
umarmen
objímat
gehen
jít
singen
zpívat
träumen
snít
beten
modlit se
küssen
políbit

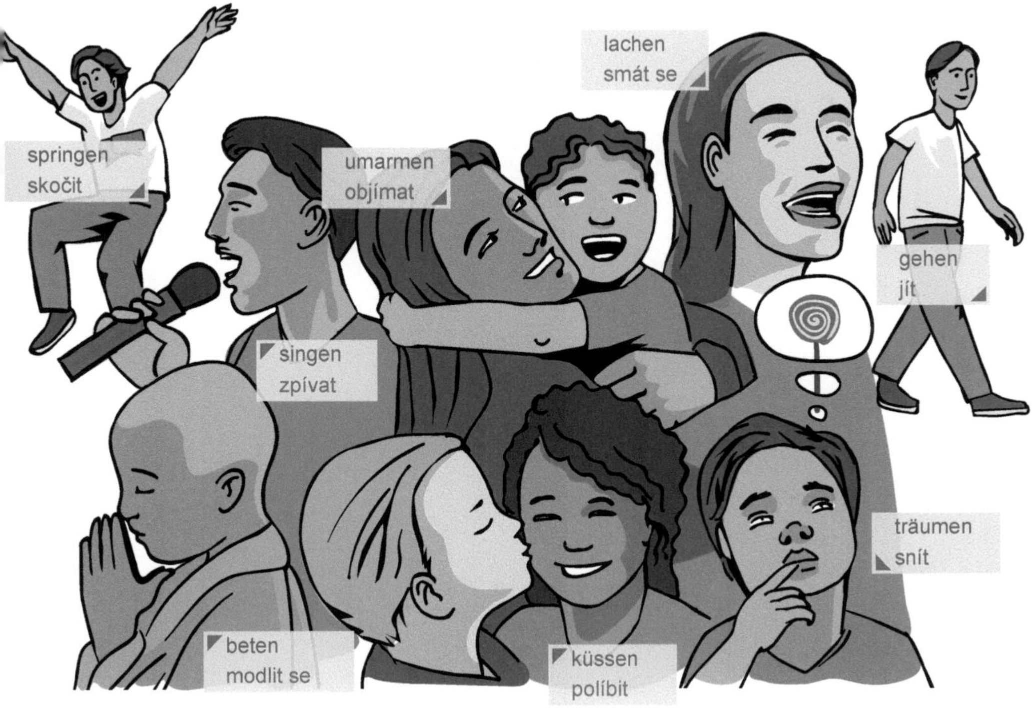

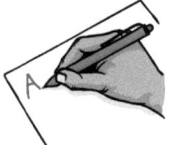

schreiben
psát

zeichnen
kreslit

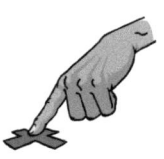

zeigen
ukazovat

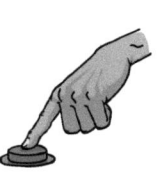

drücken
tlačit

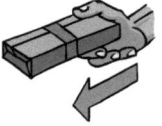

geben
dát

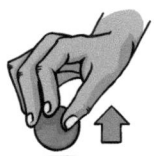

nehmen
vzít si

haben
mít

tun
dělat

sein
být

stehen
stát

laufen
běhat

ziehen
táhnout

werfen
hodit

fallen
padat

liegen
ležet

warten
čekat

tragen
nosit

sitzen
sedět

anziehen
oblékat

schlafen
spát

aufwachen
vzbudit se

ansehen

prohlédnout si

weinen

plakat

streicheln

pohladit

kämmen

česat

reden

hovořit

verstehen

rozumět

fragen

ptát se

hören

slyšet

trinken

pít

essen

jíst

aufräumen

uklidit

lieben

milovat

kochen

vařit

fahren

jet

fliegen

letět

Aktivitäten - aktivity

segeln

plachtit

rechnen

počítat

lesen

číst

lernen

učit se

arbeiten

pracovat

heiraten

vzít si

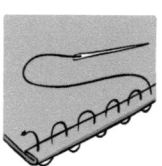

nähen

šít

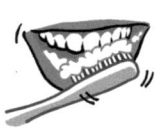

Zähne putzen

čistit si zuby

töten

zabít

rauchen

kouřit

senden

poslat

Familie
rodina

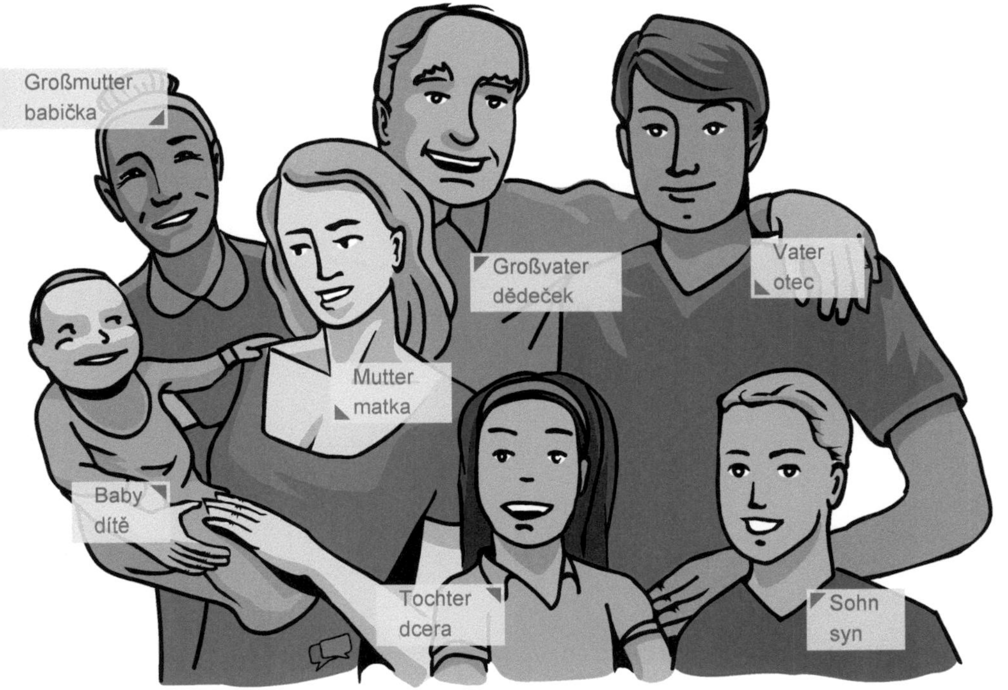

Großmutter
babička
Großvater
dědeček
Vater
otec
Mutter
matka
Baby
dítě
Tochter
dcera
Sohn
syn

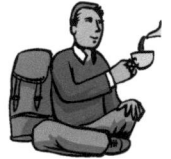

Gast

host

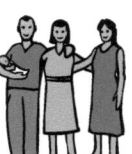

Tante

teta

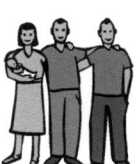

Onkel

strýc

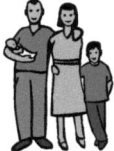

Bruder

bratr

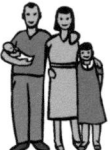

Schwester

sestra

Körper
tělo

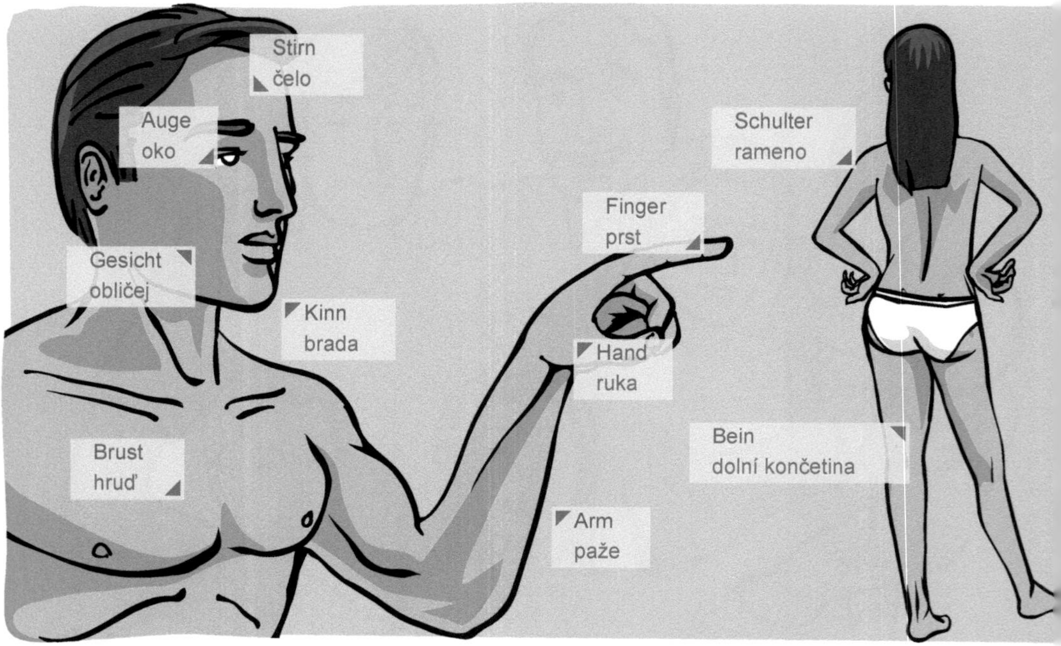

Stirn
čelo

Auge
oko

Gesicht
obličej

Kinn
brada

Brust
hruď

Schulter
rameno

Finger
prst

Hand
ruka

Bein
dolní končetina

Arm
paže

Baby

dítě

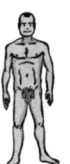

Mann

muž

Frau

žena

Mädchen

dívka

Junge

chlapec

Kopf

hlava

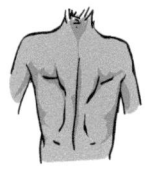

Rücken
....
záda

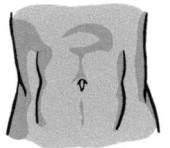

Bauch
....
břicho

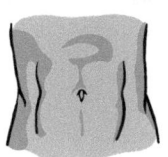

Nabel
....
pupík

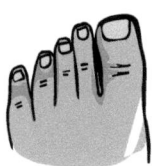

Zeh
....
prst na noze

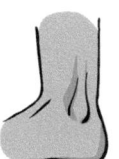

Ferse
....
pata

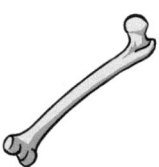

Knochen
....
kost

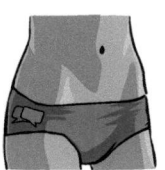

Hüfte
....
bok

Knie
....
koleno

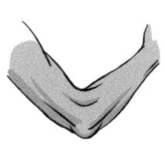

Ellenbogen
....
loket

Nase
....
nos

Gesäß
....
zadek

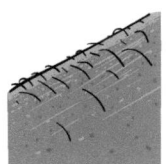

Haut
....
kůže

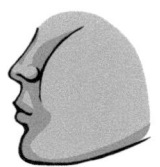

Wange
....
tvář

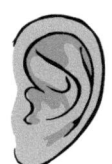

Ohr
....
ucho

Lippe
....
ret

Mund

ústa

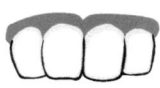

Zahn

zub

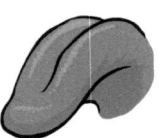

Zunge

jazyk

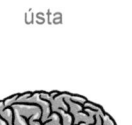

Gehirn

mozek

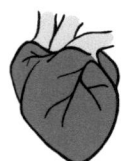

Herz

srdce

Muskel

sval

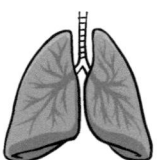

Lunge

plíce

Leber

játra

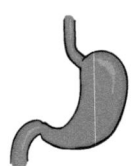

Magen

žaludek

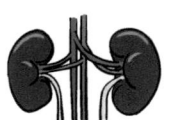

Nieren

ledviny

Geschlechtsverkehr

pohlavní styk

Kondom

kondom

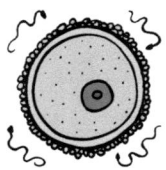

Eizelle

vajíčko

Sperma

sperma

Schwangerschaft

těhotenství

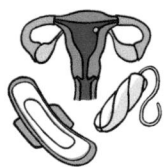

Menstruation

menstruace

Vagina

vagina

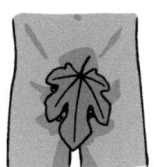

Penis

penis

Augenbraue

obočí

Haar

vlasy

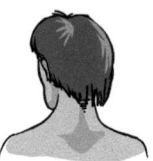

Hals

krk

Körper - tělo

Krankenhaus
nemocnice

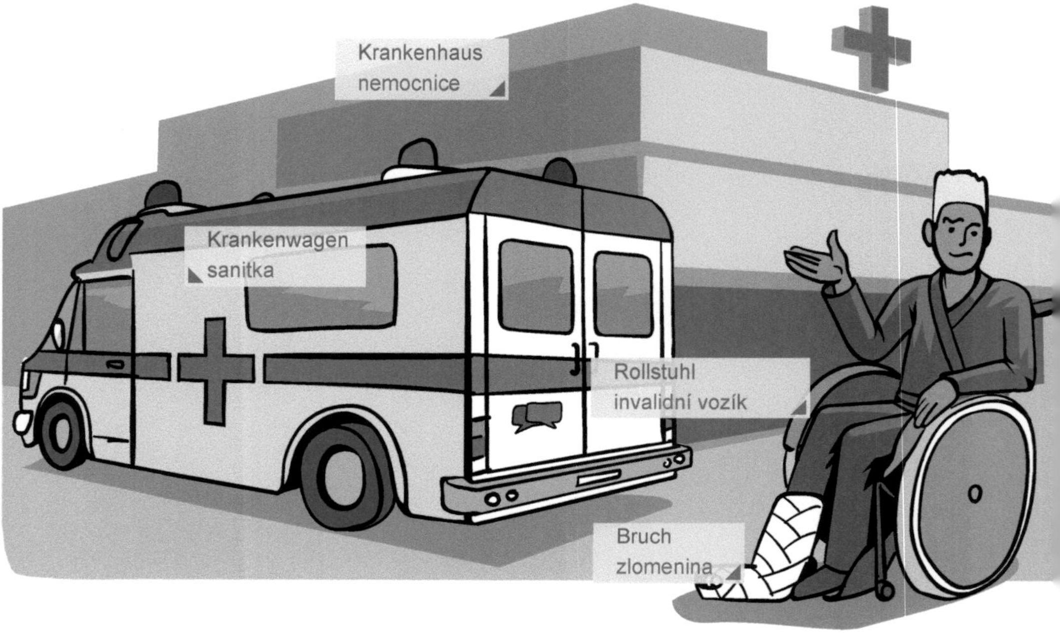

Krankenhaus
nemocnice
Krankenwagen
sanitka
Rollstuhl
invalidní vozík
Bruch
zlomenina

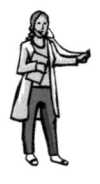

Arzt

lékař

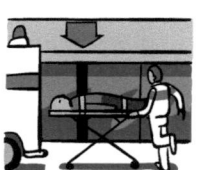

Notaufnahme

pohotovost

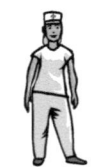

Krankenschwester

zdravotní sestra

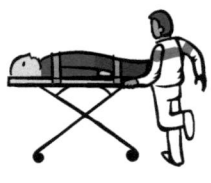

Notfall

urgentní případ

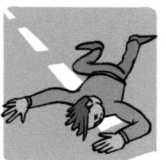

ohnmächtig

v bezvědomí

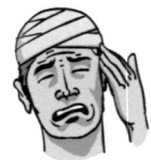

Schmerz

bolest

Verletzung

úraz

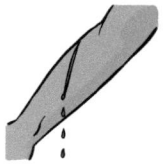

Blutung

krvácení

Herzinfarkt

infarkt myokardu

Schlaganfall

cévní mozková příhoda

Allergie

alergie

Husten

kašel

Fieber

horečka

Grippe

chřipka

Durchfall

průjem

Kopfschmerzen

bolest hlavy

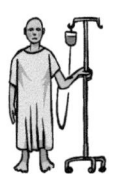

Krebs

rakovina

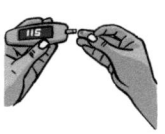

Diabetis

cukrovka

Chirurg

chirurg

Skalpell

skalpel

Operation

operace

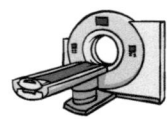

CT

CT

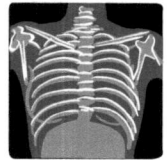

Röntgen

rentgen

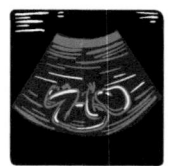

Ultraschall

ultrazvuk

Maske

maska

Krankheit

nemoc

Wartezimmer

čekárna

Krücke

berle

Pflaster

náplast

Verband

obvaz

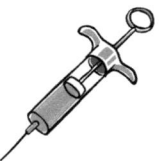

Injektion

injekce

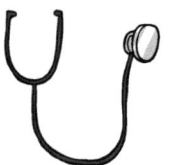

Stethoskop

stetoskop

Trage

nosítka

Thermometer

teploměr

Geburt

porod

Übergewicht

nadváha

Hörgerät

naslouchátko

Desinfektionsmittel

dezinfekční prostředek

Infektion

infekce

Virus

virus

HIV / AIDS

HIV / AIDS

Medizin

lékařství

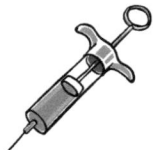

Impfung

očkování

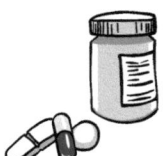

Tabletten

tablety

Pille

pilulka

Notruf

tísňové volání

Blutdruck-Messgerät

tonometr

krank / gesund

nemocný / zdravý

Hilfe!

Pomoc!

Alarm

poplach

Überfall

přepadení

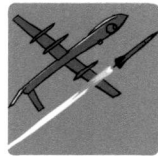

Angriff

napadení

Gefahr

nebezpečí

Notausgang

nouzový východ

Feuer!

Hoří!

Feuerlöscher

hasicí přístroj

Unfall

nehoda

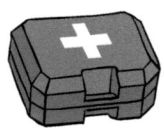

Erste-Hilfe-Koffer

zdravotnická brašna

SOS

SOS

Polizei

policie

Europa

Evropa

Nordamerika

Severní Amerika

Südamerika

Jižní Amerika

Afrika

Afrika

Asien

Asie

Australien

Austrálie

Atlantik

Atlantik

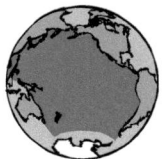

Pazifik

Pacifik

Indischer Ozean

Indický oceán

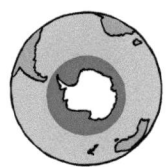

Antarktischer Ozean

Jižní ledový oceán

Arktischer Ozean

Severní ledový oceán

Nordpol

severní pól

Südpol

jižní pól

Antarktis

Antarktida

Erde

země

Land

pevnina

Meer

moře

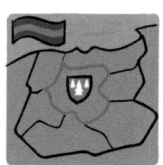

Insel

ostrov

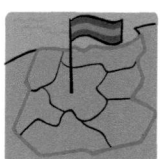

Nation

národ

Staat

stát

Zifferblatt

ciferník

Stundenzeiger

hodinová ručička

Minutenzeiger

minutová ručička

Sekundenzeiger

vteřinová ručička

Wie spät ist es?

Kolik je hodin?

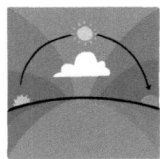

Tag

den

Zeit

čas

jetzt

teď

Digitaluhr

digitální hodinky

Minute

minuta

Stunde

hodina

Woche
týden

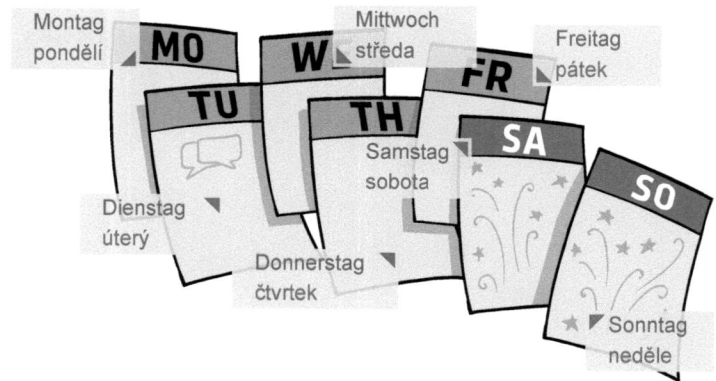

Montag
pondělí

Mittwoch
středa

Freitag
pátek

Dienstag
úterý

Samstag
sobota

Donnerstag
čtvrtek

Sonntag
neděle

gestern

včera

heute

dnes

morgen

zítra

Morgen

ráno

Mittag

poledne

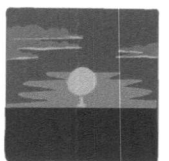

Abend

večer

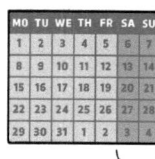

Arbeitstage

pracovní dny

Wochenende

víkend

Jahr
rok

Regen
déšť
Regenbogen
duha
Wind
vítr
Schnee
sníh
Frühling
jaro
Sommer
léto
Herbst
podzim
Winter
zima

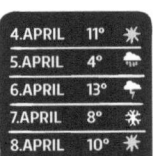

4.APRIL 11°
5.APRIL 4°
6.APRIL 13°
7.APRIL 8°
8.APRIL 10°

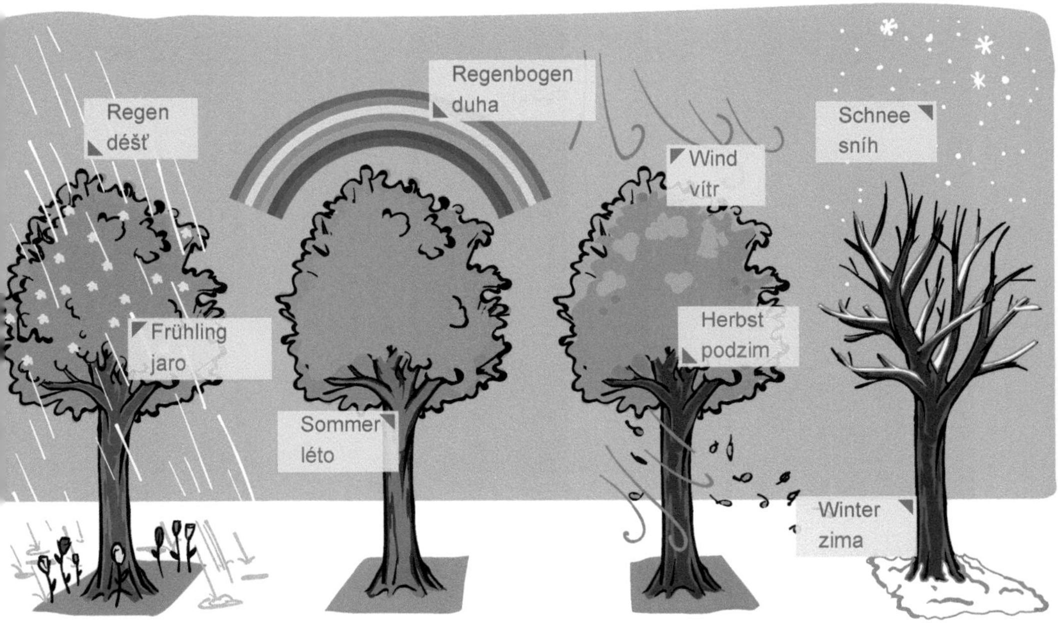

Wettervorhersage

předpověď počasí

F
C
120
90
60
30
0
-30
40
30
20
10
0
-10
-20

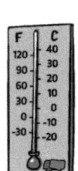

Thermometer

teploměr

Sonnenschein

sluneční svit

Wolke

mrak

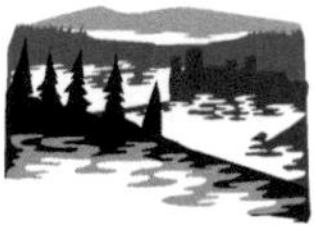

Nebel

mlha

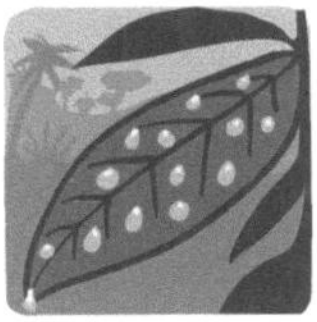

Luftfeuchtigkeit

vlhkost

Blitz

blesk

Donner

hrom

Sturm

bouřka

Hagel

kroupy

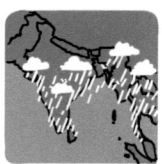

Monsun

monzun

Flut

povodeň

Eis

led

Januar

leden

Februar

únor

März

březen

April

duben

Mai

květen

Juni

červen

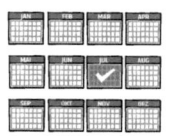

Juli

červenec

August

srpen

Jahr - rok

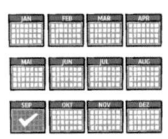

September
....
září

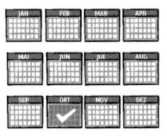

Oktober
....
říjen

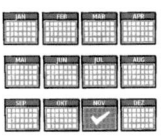

November
....
listopad

Dezember
....
prosinec

Formen

tvary

Kreis
....
kruh

Quadrat
....
čtverec

Rechteck
....
obdélník

Dreieck
....
trojúhelník

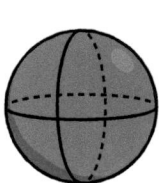

Kugel
....
koule

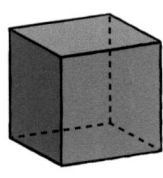

Würfel
....
krychle

Farben
barvy

weiß

bílá

gelb

žlutá

orange

oranžová

pink

růžová

rot

červená

lila

fialová

blau

modrá

grün

zelená

braun

hnědá

grau

šedá

schwarz

černá

Farben - barvy

viel / wenig

hodně / málo

wütend / friedlich

rozzuřený / mírumilovný

hübsch / hässlich

krásný / ošklivý

Anfang / Ende

začátek / konec

groß / klein

velký / malý

hell / dunkel

světlý / tmavý

Bruder / Schwester

bratr / sestra

sauber / schmutzig

čistý / špinavý

vollständig / unvollständig

úplný / neúplný

Tag / Nacht

den / noc

tot / lebendig

mrtvý / živý

breit / schmal

široký / úzký

geniessbar / ungeniessbar

jedlý / nejedlý

böse / freundlich

zlý / hodný

aufgeregt / gelangweilt

vzrušený / znuděný

dick / dünn

tlustý / hubený

zuerst / zuletzt

nejdříve / naposledy

Freund / Feind

přítel / nepřítel

voll / leer

plný / prázdný

hart / weich

tvrdý / měkký

schwer / leicht

těžký / lehký

Hunger / Durst

hlad / žízeň

krank / gesund

nemocný / zdravý

illegal / legal

ilegální / legální

intelligent / dumm

inteligentní / hloupý

links / rechts

vlevo / vpravo

nah / fern

blízko / daleko

Gegenteile - protiklady

neu / gebraucht

nový / použitý

nichts / etwas

nic / něco

alt / jung

starý / mladý

an / aus

zapnutý / vypnutý

offen / geschlossen

otevřeno / zavřeno

leise / laut

tichý / hlasitý

reich / arm

bohatý / chudý

richtig / falsch

správný / špatný

rau / glatt

drsný / hladký

traurig / glücklich

smutný / šťastný

kurz / lang

krátký / dlouhý

langsam / schnell

pomalý / rychlý

nass / trocken

vlhký / suchý

warm / kühl

teplý / chladný

Krieg / Frieden

válka / mír

0	**1**	**2**
null	eins	zwei
nula	jedna	dva
3	**4**	**5**
drei	vier	fünf
tři	čtyři	pět
6	**7**	**8**
sechs	sieben	acht
šest	sedm	osm
9	**10**	**11**
neun	zehn	elf
devět	deset	jedenáct

12	**13**	**14**
zwölf	dreizehn	vierzehn
dvanáct	třináct	čtrnáct
15	**16**	**17**
fünfzehn	sechzehn	siebzehn
patnáct	šestnáct	sedmnáct
18	**19**	**20**
achtzehn	neunzehn	zwanzig
osmnáct	devatenáct	dvacet
100	**1.000**	**1.000.000**
hundert	tausend	million
sto	tisíc	milion

Englisch

angličtina

Amerikanisches Englisch

americká angličtina

Chinesisch Mandarin

standardní čínština

Hindi

hindština

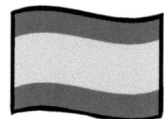

Spanisch

španělština

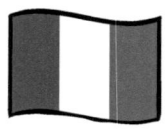

Französisch

francouzština

Arabisch

arabština

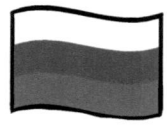

Russisch

ruština

Portugiesisch

portugalština

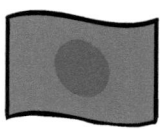

Bengalisch

bengálština

Deutsch

němčina

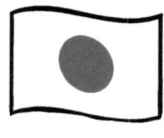

Japanisch

japonština

ich
já

du
ty

er / sie / es
on / ona / ono

wir
my

ihr
vy

sie
oni

wer?
Kdo?

was?
Co?

wie?
Jak?

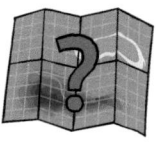

wo?
Kde?

wann?
Kdy?

Name
jméno

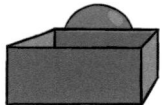

hinter

za

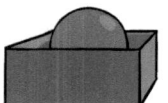

in

do

vor

z

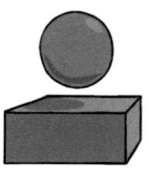

über

nad

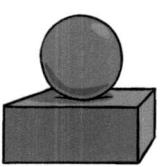

auf

na

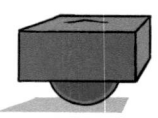

unter

mezi

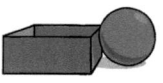

neben

vedle

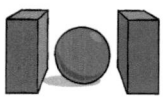

zwischen

mezi

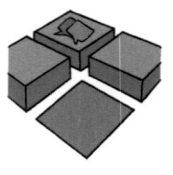

Ort

místo